古典文獻研究輯刊

三三編

潘美月・杜潔祥 主編

第 17 冊

禪茶公案錄（下）

馮 天 春 編著

國家圖書館出版品預行編目資料

禪茶公案錄（下）／馮天春 編著 -- 初版 -- 新北市：花木蘭
文化事業有限公司，2021〔民110〕
目 12+190 面；19×26 公分
（古典文獻研究輯刊 三三編；第 17 冊）
ISBN 978-986-518-633-3（精裝）
1. 茶藝 2. 禪宗
011.08   110012083

ISBN-978-986-518-633-3

9 789865 186333

古典文獻研究輯刊
三三編　第十七冊   ISBN：978-986-518-633-3

禪茶公案錄（下）

編　　著　馮天春
主　　編　潘美月、杜潔祥
總 編 輯　杜潔祥
副總編輯　楊嘉樂
編　　輯　許郁翎、張雅淋、潘玟靜　美術編輯　陳逸婷
出　　版　花木蘭文化事業有限公司
發 行 人　高小娟
聯絡地址　235 新北市中和區中安街七二號十三樓
　　　　　電話：02-2923-1455／傳真：02-2923-1452
網　　址　http://www.huamulan.tw 信箱 service@huamulans.com
印　　刷　普羅文化出版廣告事業
初　　版　2021 年 9 月
全書字數　244356 字
定　　價　三三編 36 冊（精裝）台幣 90,000 元

禪茶公案錄（下）

馮天春 編著

第三編　禪家絕手

331. 吃茶去

師〔註1〕問二新到：「上座曾到此間否？」

云：「不曾到。」

師云：「吃茶去。」

又問：「那一人曾到此間否？」

云：「曾到。」

師云：「吃茶去。」

院主問：「和尚，不曾到，教伊吃茶去即且置，曾到，為什麼教伊吃茶去？」

師云：「院主。」

院主應諾。

師云：「吃茶去。」〔註2〕

——宋・賾藏：《古尊宿語錄》，《卍續藏》第 68 冊，第 88 頁。

332. 吃茶去，喚他多少衲僧回

趙州見僧到便問：「到此間麼？」

云：「不曾到。」

州云：「吃茶去。」

或云曾到，州亦云：「吃茶去。」

院主問：「不曾到吃茶去，到來為甚也吃茶去？」

〔註1〕趙州叢諗（778～897），南泉普願法嗣，祖籍山東菏澤，幼年出家，據傳 80 歲始住河北趙縣，世壽 120 歲。

〔註2〕諸如此類，為一目的：阻斷旺盛心識，覺知迷失現狀。

州召院主，主應諾。州云：「吃茶去。」

（汾陽云：）「趙州有語吃茶去，天下胡僧總到來。不是石橋元底滑，喚他多少衲僧回。」

——宋‧楚圓集：《汾陽無德禪師語錄》，《大正藏》第 47 冊，第 608 頁。

333. 有神通者吃茶

麻谷同南泉三人，去謁徑山，路逢一婆，乃問：「徑山路向甚處去？」

婆曰：「驀直去。」

麻谷曰：「前頭水深過得否？」

婆曰：「不濕腳。」

又問：「上岸稻得與麼好？下岸稻得與麼怯？」

婆曰：「總被螃蟹吃卻也。」

又問：「禾好香？」

婆曰：「沒氣息。」

又問：「婆住在甚處？」

婆曰：「祇在這裡。」

三人至店，婆煎茶一瓶，攜盞三隻至，謂曰：「和尚有神通者即吃茶。」

三人相顧間，婆曰：「看老朽自逞神通去也。」於是拈盞傾茶便行。

——明‧圓信、郭凝之編：《優婆夷志》，《卍續藏》第 87 冊，第 215 頁。

334. 喝即任喝，這裡不許思量

師〔註3〕吃茶次，問行者：「看的甚麼話頭？」

者云：「竹篦子。」

師舉茶杯云：「喚作茶杯則觸，不喚作茶杯則背，汝喚作甚麼？」

者一喝。

師云：「喝即任喝，這裡不許思量。卜度直下道道看。」

者擬議，師以茶潑之。〔註4〕

——清‧最正等編：《秀野林禪師語錄》，《嘉興藏》第 36 冊，第 594 頁。

〔註 3〕秀野林禪師。

〔註 4〕恰恰用心時，恰恰無心用。無心恰恰用，常用恰恰無。

335. 摘茶更莫別思量

潙山與仰山摘茶次，潙云：「終日只聞子聲，不見子形。」

仰山撼茶樹。

潙云：「子只得其用，不得其體。」

云：「某甲只恁麼，和尚作麼生？」

潙山良久。

仰云：「和尚只得其體，不得其用。」

潙云：「放子三十棒。摘茶更莫別思量，處處分明是道場。體用共推真應物，禪流頓覺雨前香。」

——宋‧楚圓集：《汾陽無德禪師語錄》，《大正藏》第 47 冊，第 613 頁。

又，《潭州潙山靈祐禪師語錄》云：

師摘茶次，謂仰山云：「終日摘茶，只聞子聲，不見子形。」

仰山撼茶樹。

師云：「子只得其用，不得其體。」

仰山云：「未審和尚如何？」

師良久。

仰山云：「和尚祇得其體，不得其用。」

師云：「放子三十棒。」

仰山云：「和尚棒，某甲吃。某甲棒，阿誰吃？」

師云：「放子三十棒。」

——明‧郭凝之編：《潭州潙山靈祐禪師語錄》，《大正藏》第 47 冊，第 578 頁。

336. 辜負不少

方士雄居士過訪，茶次，士欲坐，師云：「近坐些好說話。」

士云：「怕大師動手動腳。」

師云：「居士有甚過麼？」

士擬議。

師云：「不得放過。」便打。

士云：「我道習氣不忘。」

師云：「黃梅落在手邊，那得不拾？」

茶畢，士問：「如何是格外玄機？」

師云：「齏甕裏蟲鳴。」

士又問：「翠竹黃花因甚便是般若？」

真如師指淨瓶云：「祇者淨瓶，三世諸佛也摸索不著。」

士云：「大師還摸索得著麼？」

師云：「居士莫下毒口。」

士罔措，師遂擲下拂子。

士便禮拜，師云：「辜負不少。」

──明・如學：《大溈五峰學禪師語錄》卷一，《嘉興藏》第 25 冊，第 755 頁。

337. 嚼碎五千餘卷猶是他家茶飯

上堂，舉寒山子歌云：「東家一老婆，富來三五年。昔日貧於我，今笑我無錢。渠笑我在後，我笑渠在前。相笑倘不止，東邊復西邊。」

師云：「大眾，若是於此中領會不來，嚼碎五千餘卷猶是他家茶飯，反惹得眼飽肚中饑。只饒推到臘月三十日，螃蟹下鍋，未免腳忙手亂。」

──明・廣真：《吹萬禪師語錄》卷一，《嘉興藏》第 29 冊，第 475 頁。

338. 草賊大敗

居士問：「久向水心，特來參謁。」

師云：「卻值庵主不在。」

士便喝。

師乃顧行者云：「與他一杯茶。」

士云：「草賊大敗。」拂袖便出。

師云：「滿堂僧不厭，一個俗人多。」

士乃回身作禮，云：「適來觸忤和尚。」

師云：「三十拄杖且待別時。」

──清・升：《天岸升禪師語錄》卷十五，《嘉興藏》第 26 冊，第 724 頁。

339. 過去未來即不問，現前日用事如何

郎陽府回龍山南明和尚請上堂。僧問：「楚水秦山一徑通，長安星月古今同。薰風遠送茶芽味，香透當人鼻孔中。當人鼻孔個個不無，作麼生是茶芽滋味？」師云：「任從滄海變，終不與君通。」

進云：「恁麼則松華若也沾春力，根在深岩也著開。」

師打云：「切忌恁麼去。」

問：「過去未來即不問，現前日用事如何？」

師云：「熱時大家熱。」

進云：「因甚卻有四生六道？」

師云：「獅子吠人，韓盧逐塊。」

乃云：「薰風始拂，炎暑時臨。長稚賢愚，正堪休歇。制毒龍於無相佛剎，調狂象於正覺場中。朗智地之神珠，燦性天之戒月。單刀直入，獨步丹霄。方知牢關把定，異轍同途，相見別峰，傍通消息。」

驀豎拂子云：「還會麼？忽然擊碎蟠桃核，者回方見個中人。」擲拂子下座。

——清·鑒：《林我禪師語錄》卷一，《嘉興藏》第 38 冊，第 573 頁。

340. 只知有主，不知有客

一日在方丈內坐，士來見乃曰：「只知端居丈室，不覺僧到參時。」

師垂下一足，士便出行，三兩步卻回。師乃收足。

士曰：「可謂自由自在。」

師曰：「我是主。」

士曰：「阿師只知有主，不知有客。」

師喚侍者點茶，士作舞而出。達磨一宗，掃地盡矣。

——明·瞿汝稷集：《指月錄》卷九，《卍續藏》第 83 冊，第 501 頁。

341. 務要省緣，專一辦道

出家者，為厭塵勞，求脫生死，休心息念，斷絕攀緣，故名出家。豈可以等閒利養埋沒平生！直須兩頭撒開，中間放下，遇聲遇色如石上栽花，見利見名似眼中著屑。況從無始以來，不是不曾經歷，又不是不知次第，不過翻頭作尾，止於如此，何須苦苦貪戀！如今不歇，更待何時？所以先聖教人，

只要盡卻今時,能盡今時更有何事?若得心中無事,佛祖猶是冤家,一切世事自然冷淡,方始那邊相應。爾不見隱山至死不肯見人,趙州至死不昔告人。匾擔拾橡栗為食,大梅以荷葉為衣。紙衣道者只披紙,玄泰上座只著布。石霜置枯木堂與眾座臥,只要死了爾心。投子使人辦米同煮共餐,要得省取爾事。且從上諸聖有如此榜樣,若無長處如何甘得?

諸仁者,若也於斯體究,的不虧人。若也不肯承當,向後深恐費力。山僧行業無取,忝主山門,豈可坐費常住,頓忘先聖附囑。今者輒欲略敷古人為住持體例,與諸人議定,更不下山,不赴齋,不發化主。唯將本院莊課一歲所得均作三百六十分,日取一分用之,更不隨人添減。可以備飯則作飯,作飯不足則作粥,作粥不足則作米湯。新到相見,茶湯而已,更不煎點,唯置一茶堂,自去取用,務要省緣,專一辦道。又況活計具足,風景不疏。華解笑,鳥解啼,木馬長鳴,石牛善走。天外之青山寡色,耳畔之鳴泉無聲。嶺上猿啼,露濕中霄之月;林間鶴唳,風回清曉之松。春風起時枯木龍吟,秋葉凋而寒林花散。玉階鋪苔蘚之紋,人面帶煙霞之色。音塵寂爾,消息宛然。一味蕭條無可趣向!

山僧今日向諸人面前說家門已是不著便,豈可更去升堂入室,拈槌豎拂,東喝西棒,張眉怒目,如癇病發相似!不唯屈沉上座,況辜負先聖。爾不見達磨西來到少室山下面壁九年,二祖至於立雪斷臂,可謂受盡艱辛。然而達磨不曾措了一詞,二祖不曾問著一句。還喚達磨作不為人得麼?喚二祖做不求師得麼?山僧每至說著古聖做處,便覺無地容身,慚愧後人軟弱。又況百味珍羞遞相供養,道我四事具足方可發心。只恐做手腳不迄,便此隔生隔世去也。時光似箭,深為可惜。雖然如是,更在他人從長相度,山僧也強教爾不得。諸仁者還見古人偈麼?山田脫粟飯,野菜淡黃齏。吃則從君吃,不吃任東西。伏惟同道,各自努力。珍重!

——宋·芙蓉道楷:《祇園正儀》,《卍續藏》第 63 冊,第 166 頁。

342. 且道者一喝重多少

歸源住薦福,一夕與座下僧茶話。師舉東坡訪佛惠泉禪師於蔣山。泉問云:「大儒高姓?」坡云:「姓秤。」泉云:「是什麼秤?」坡云:「稱天下老和尚舌頭底秤。」泉喝一喝,云:「且道者一喝重多少?」坡無語。

師命僧各代一轉語。時無酬之者，惟源藏主起剪燭，一侍者咳嗽一聲。師笑云：「源藏主剪燭，一侍者咳嗽。」

隨有定藏主請師自代。師云：「泊不過此。」

源藏主，即溫之壽昌別源也。一侍者，即明之天童了堂也。二人同嗣其法。定藏主，即大慈天宇也，出竺西門。

元至正間，江浙行省丞相達世鐵穆示公兼行宣政院事。便宣行事，特兩度馳檄，欲起師住天童、徑山。皆以老病辭。

——明·無慍：《山庵雜錄》卷一，《嘉興藏》第 38 冊，第 121 頁。

343. 正法眼藏因緣

師五十九歲，侍者以師與衲子問答古今語句請名，按題篇首云：「余因罪居衡陽，杜門循省，外無所用心，問有衲子請益，不得已與之酬酢。」禪者沖密慧然隨手抄錄，日月浸久，成一巨軸，持來乞名。其題欲昭示後來，使佛祖正法眼藏不滅。余因目之曰《正法眼藏》，尋以印本寄曾文清公，公欲作頌謝，但得二句曰：『摩醯太多臨濟少，唯有雲門師恰好。』因復書請續後句。既啟封，即曰：『爭如瞎驢滅卻休，露柱燈籠皆絕倒。』」

公得師指示，喜愜盈懷。已而以偈寄龍團茶與師，曰：「蒼璧團團不暗投，舌端有眼似離婁。莫言茗碗無三寸，解問如何是趙州。」師答之曰：「趙州傳語龐居士，近日無端會吃茶。卻笑舊來多鹵莽，不將龍焙入脂麻。」

——宋·祖詠：《大慧普覺禪師年譜》卷一，《嘉興藏》第 1 冊，第 802 頁。

344. 這僧先施禮樂，後展戈矛

正覺云：「這僧茶禮周旋，同安話作兩橛。只為先難後易，大似禮下於人。為個什麼？咄，俊哉！是何言歟？」

佛海云：「這僧先施禮樂，後展戈矛。同安看客，吐詞觀爻斷卦。愚哉俊哉！齊之以禮。」

——宋·祖慶：《拈八方珠玉集》卷三，《卍續藏》第 67 冊，第 676 頁。

345. 這些業種自何來

再權育王上堂，（拈拄杖，顧視云：）「咄咄，這些業種自何來？雖不同門共一家，連累山僧至今日，一重枷上又添枷。雖然，也有雪屈處在。且道甚

處雪屈？」（靠拄杖云：）「下座，巡堂吃茶。」

——宋·修義：《西巖了慧禪師語錄》卷一，《卍續藏》第 70 冊，第 489 頁。

346. 撞著兩個攔途老虎

師初至虎跑，杭州岳衡山太守黃海岸司理，泊餘集生中丞請茶話，師云：「定慧舊多講席，今禪期之設，乃虎林眾在道宰官、居士意欲山僧握三尺黑蚖鞭象撻龍，煆凡錘聖，無端攪亂法門，不知是何心行？山僧為雲棲掃塔而來，撞著兩個攔途老虎，昔日跑開泉眼，今更作怪興古，坐此虎跑殿上威風四顧，卻被山僧畫個圈兒一齊收住。」

海岸居士進云：「和尚照顧自己性命。」

師咄云：「好個沒毛大蟲。」

進云：「橫身當路時如何？」

師云：「倒騎下也。」

進云：「怒爪張牙時如何？」

師云：「蚤被吞卻。」

進云：「跑開泉眼時如何？」

師云：「欠吼一聲。」

師復云：「且道是那兩個老虎？一個是黃海岸司理。」

進云：「那個為甚麼不道？」

師以手指云：「一個是餘集生居士。」

士復進云：「和尚是第三個。」

師移椅起身云：「大家看虎。」

士拽師衣云：「拿住尾巴時如何？」

師笑把士須云：「你不解挦虎鬚。」便歸方丈。

——明·智誾：《雪關禪師語錄》卷二，《嘉興藏》第 27 冊，第 455 頁。

347. 這便是山僧馴龍手段

淨慈寺訊誠上人同姚文茂居士請茶話，僧問：「劫火洞然，大千俱壞，未審這個壞不壞？」

師云：「添起一堆柴。」

進云：「紅霞穿破壁，白日繞須彌。」

師云：「那裡學得來？」

進云：「在和尚處。」

師云：「戲臺添腳丑，笑殺滿堂人。」

師復云：「參禪親切句，莫掛口皮唇。好看澄潭水，龍鬚毒手馴。且道毒龍作麼生馴？不見適來有個僧如掣風顛相似，他問山僧：『灶下沒柴燒，將何煮飯？』山僧道：『和汝皮袋燒卻。』僧豎起三指。山僧道：『既燒卻，猶有這個在？』僧翻身而去。山僧道：『你須脫胎換骨來，始得諸兄弟。』這便是山僧馴龍手段，還有別具手眼者麼？有則出來道看。如無，打斷葛藤，各自歸堂。」

——明・智誾：《雪關禪師語錄》卷二，《嘉興藏》第 27 冊，第 455 頁。

348. 佛法不是火煙炮，點著便燒

師初至雲棲，眾居士請茶話。黃海岸居士問云：「雲棲大師淨佛國土末後一句，未曾輕意舉似於人，今日請和尚分明指出。」師云：「壽昌門裏賊，不是等閒心。」

士禮拜復問云：「木佛度火時如何？」師云：「添上榾柮著。」進云：「金佛度爐時如何？」師云：「看取焰中輪。」進云：「泥佛度水時如何？」師云：「腳跟不曾濕。」進云：「為甚麼真佛內裏坐？」師云：「閉門打瞌睡。」進云：「如何是家裏佛？」師云：「老僧不在此坐。」進云：「如何是最初句？」師云：「退步識取。」進云：「如何是末後句？」師云：「進前驗取。」進云：「如何是中間句？」師云：「和盤走珠子。」

餘集生居士問：「和尚有云：『到處尋人撾毒鼓，毒鼓震時遠近皆死。』祇如遇著個毒鼓未撾時先死底人，和尚如何接？」師云：「惟有居士聽得最真。」士云：「謝和尚相接了也。」師云：「博山真印子，不合水和泥。」士作禮云：「收起好。」師拱手而笑。

僧出問：「如何是淨土？」師不答。僧又問，師亦不答。居士問云：「如何不答？」師云：「若答他，是土上加點，便不淨也。」

師乃云：「山僧舌頭真古怪，不學風吹狗便吠，從他債主逼臨頭，閉上庵門憨打睡。佛法不是火煙炮，點著便燒真利害。雲棲寶庫揭封皮，發向虎跑行鋪賣。且道賣底是甚麼貨？馬師鹽醬新鮮甚，知味欣逢高尚人。珍重！」

——明・智誾：《雪關禪師語錄》卷二，《嘉興藏》第 27 冊，第 456 頁。

349. 學到佛邊，猶是雜用心

茶話：「言不可以示道，心不可以入玄，所以從上先哲無心體合，不言躬行。老僧自見先師，得此滋味，便擬向深山窮谷力行古道。詎意因緣不偶，後來在者破院住三五年，那破院住三五年，住來住去，便是二三十年。十年前澹監寺深悉老僧此意，曾向三吳替老僧尋個住廬山因緣，三回兩次，祇是不成就。如今想起來，始知因緣合在者裏，既有監寺一副身心，又得副寺直歲。莊頭暨山園大小職事前後發起，亦同一副身心，所以五年之間儼然叢席。雖則老僧初心，亦是諸人願力互相湊合，不得不歸之夙緣。老僧今日到來，安置職事，與大眾會茶，不可無說。」

遂舉盞子云：「大眾，住山須要得者個著落。」復云：「有得食，有得呷，便是我和你底活計。食了呷了，拿起鋤頭，挑起匾擔，向那青黯黯處去。不管他高低平突，鋤了一畦，又翻一嶺。正當恁麼時，佛也覷你不得。若是具眼底埋頭在那裡，日三月三，必定到親證田地。就是初心淺學，總教生按著，不許走作分毫，久久自然觸著磕著。大眾，此是汝諸人本分上原自具足底，不是強為，祇是暫時岐路。你若肯收拾世間底心，一按按在三寶上，全身放下，一肩挑起，老僧不教你求禪學道。大眾，你便是禪，你便是道，更求個什麼？學個什麼？你若還起一個求禪學道底心，卻似出得醬缸，又入虀甕。從上佛祖雖有言句，卻是教你向無言句處，不是叫你在言句上作境致。你若向言句上作境致，與那沾滯粗重境緣有何分別！總是解脫不得，說甚粗細！於今說心說性，說玄說妙，盡是惡口。你又在他惡口上左思右量，豈不東行西向。古人道：『學到佛邊，猶是雜用心。』何況其餘？」

——明·函是：《廬山天然禪師語錄》卷五，《嘉興藏》第 38 冊，第 156 頁。

350. 諸人到者裏須防打翻茶碗

茶話：「一切諸法，皆唯是心。有情無情，同入法界。不了此宗，功歸生滅。所以一切眾生界即是法界，一切二乘界即是法界，一切菩薩界即是法界，一切諸佛界即是法界。但一切界現則法界不現，眾生界現則法界不現，二乘界現則法界不現，菩薩界現則法界不現，諸佛界現則法界不現。非無法界，祇是不現。若法界現時，觀一切界如第五大，如第六陰。出頭天外，誰是我般！若就一切界冥合法界，如水中鹽味，色裏膠青。不壞目前，且共來往。心相體信，自有因緣。然雖如是，古人又道：『法界一真，猶存見隔。見在即凡，

情忘即佛。拈卻藥忌，慎莫追尋。』諸人到者裏須防打翻茶碗。」

——明‧函是：《盧山天然禪師語錄》卷五，《嘉興藏》第 38 冊，第 156
～157 頁。

351. 楊歧今日被上座勘破，且坐吃茶

一日，三人新到。師問：「三人同行，必有一智。」提起坐具曰：「參頭上座，喚這個作甚麼？」曰：「坐具。」師曰：「真個那？」曰：「是。」師復曰：「喚作甚麼？」曰：「坐具。」師顧視左右曰：「參頭卻具眼。」

問第二人：「欲行千里，一步為初。如何是最初一步？」曰：「到和尚這裏，爭敢出手！」師以手畫一畫。僧曰：「了。」師展兩手。僧擬議，師曰：「了。」

問第三人：「近離甚處？」曰：「南源。」師曰：「楊歧今日被上座勘破，且坐吃茶。」問僧：「敗葉堆雲，朝離何處？」曰：「觀音。」師曰：「觀音腳跟下一句作麼生道？」曰：「適來相見了。」師曰：「相見底事作麼生？」僧無對。師曰：「第二上座代參頭道看。」亦無對。師曰：「彼此相鈍置。」示眾云：「春風如刀，春雨如膏。律令正行，萬物情動。你道腳踏實地一句，作麼生道出來？向東湧西沒處道看。直饒道得，也是梁山頌子。」

示眾云：「身心清淨，諸境清淨。諸境清淨，身心清淨。還知楊歧老人落處麼？河裏失錢河裏攦。」

示眾云：「景色乍晴，物情舒泰。舉步也千身彌勒，動用也隨處釋迦。文殊普賢總在這裏，眾中有不受人謾底，便道楊歧和麩糶麵。然雖如是，布袋裏盛錐子。」

示眾云：「雪，雪，處處光輝明皎潔，黃河凍鎖絕纖流，赫日光中須迸裂。須迸裂，那吒頂上吃蒺藜，金剛腳下流出血。」

皇祐改元示寂，塔於雲蓋。

——清‧陳夢雷：《欽定古今圖書集成‧博物彙編‧神異典》卷一百七十七，僧部列傳五十三‧宋四，第 503 冊，第 59 葉。

352. 苦哉，趙州被你將一杓屎潑了也

睦州問僧：「近離甚處？」

僧云：「河北。」

州云：「河北有個趙州和尚，上座曾到彼麼？」

僧云：「某甲近離彼中。」

州云：「趙州有何言句示徒？」

僧遂舉吃茶話。

睦州乃云：「慚愧。」卻問僧：「趙州意作麼生？」

僧云：「只是一期方便。」

睦州云：「苦哉，趙州被你將一杓屎潑了也。」便打。

後來雪竇云：「遮僧克由，叵耐將一杓屎潑他二員古佛。」

師云：「雪竇只知一杓屎潑佗趙睦二州，殊不知遮僧未上被趙州將一杓屎潑了，卻到睦州又遭一杓，只是不知氣息。若知氣息，甚麼處有二員古佛？

——宋·宗杲述，蘊聞編錄：《大慧普覺禪師語錄》卷七，《大正藏》第 47 冊，第 839 頁。

353. 萬法歸一，一歸何處

趙州七百甲子老禪和，見人只道吃茶去，中峰居常見兄弟相訪，只是敘通寒溫，燒香叉手，若是金毛獅子子，三千里外定諸訛。上堂，舉僧問趙州：「萬法歸一，一歸何處？」州云：「我在青州做一領布衫，重七斤。」師云：「趙州雖則善用太阿截斷這僧舌頭，未免自揚家醜。靈隱則不然，忽有僧問萬法歸一，一歸何處，只向他道今日熱如昨日。」

——明·吳之鯨：《武林梵志》卷九，《四庫全書》史部·地理類，第 588 冊，第 195 頁。

354. 續得末後句，許你入阿字法門

上堂，繞禪床一匝，揮香桌一下：「轉藏已竟，講經已竟。若具看經眼目，方知落處。其或未然，依經解義，三世佛冤，離經一字，還同魔說。」

上堂：「趙州吃茶去，金牛吃飯來，龍門多上客，有人續得末後句，許你入阿字法門。」

——明·吳之鯨：《武林梵志》卷九，《四庫全書》史部·地理類，第 588 冊，第 208 頁。

355. 如何是學人自己

法真禪師，僧問：「劫火洞然，大千俱壞，未審此個還壞也無？」

師曰：「壞。」

僧曰：「恁麼即隨他去也。」

師曰：「隨他去也。」

師問僧：「什麼處去？」

曰：「西山住庵去。」

師曰：「我向東山頭喚汝，汝還來得麼？」

僧曰：「即不然。」

師曰：「汝住庵，未得問生死到來時如何？」

師曰：「遇茶吃茶，遇飯吃飯。」

曰：「誰受供養？」

師曰：「合取缽盂。」

師庵側有一龜，僧問：「一切眾生皮裏骨，者個眾生骨裏皮如何？」

師拈草履於龜邊，著僧無語。

問：「如何是學人自己？」

師云：「是我自己。」

曰：「為什麼卻是和尚自己？」

師曰：「是汝自己。」

──明·曹學佺：《蜀中廣記》卷八十八，《四庫全書》史部十一·地理類
　　八。第 592 冊，第 44 頁。

356. 百丈三訣

百丈恒〔註5〕和尚，有時上堂，眾才集，云：「吃茶去。」便下座。有時
上堂，眾才集，云：「珍重。」便下座。有時上堂，眾才集，云：「歇。」便下
坐。眾人罔測。百丈作一頌頌此三轉語云：「百丈有三訣，吃茶珍重歇。直下
便承當，敢保君未徹。」

古禪師云：「據他三度上堂，恰似個好人。後作此頌，恰如面上雕兩行字。
老僧與汝注出：百丈有三訣，賊身已露；吃茶珍重歇，贓物出來；直下便承

〔註5〕此為「百丈」為雲門文益之法嗣道恒禪師（道常），雖也住江西百丈山，卻非
　　　百丈懷海。

當，敢保君未徹，抱贓斷事也。」

——宋・闕名:《錦繡萬花谷》前集卷二十八,《四庫全書》子部十一・類
書類，第 924 冊，第 347 頁。

357. 也是千年桃核

京兆米七師行腳歸，有老宿問云:「月夜斷井索，人皆喚作蛇。未審七師
見佛時，喚作什麼?」

七師云:「若有所見即同眾生。」

老宿云:「也是千年桃核。」

忠國師問紫璘供奉:「聞說供奉解注《思益經》，是否?」

奉云:「是。」

師云:「凡當注經，須解佛意始得。」

奉云:「若不會意，爭敢言注經。」

師遂令侍者將一椀水、七粒米、一隻筋在椀上送與供奉，問云:「是什麼
義?」

奉云:「不會。」

師云:「老師意尚不會，更說甚佛意。」

——宋・圓悟克勤:《佛果圓悟禪師碧巖錄》卷五,《大正藏》第 48 冊，
第 148 頁。

358. 且截斷葛藤吃酒去，吃茶去

臺座以一世人物而任國西事，其不輕而重也，昭昭矣。顧欲披漁蓑，把釣
竿，與老友競一概之節，未聞皋夔爭箕山之瓢，蕭曹妒商山之芝也，德茂無怠，
德茂無怠!徵近詩今往一編，獻樵歌於清廟之頌，奏蚩聲於阿閣之鳳，當不嗔
也，當一笑也!心事襄積，非故人誰吐?對俗人有不吐而已耳!今於臺座之前
可吐乎?否也，吐矣而不盡。非不盡也，萬此寧有盡乎?且截斷葛藤吃酒去，
吃茶去。願言加餐良食，以為吾道之鎮。公於世俗之祝，公不欠此真蜀附子荷
遠餉，得以扶衰降拜，有萬其感臺閣，玉眷郎娘恭惟受祉山，則向來令似相見
於金陵者。今官何許?醉筆惡語尚能記憶耶?家有師匠，何必問外人也!

——宋・楊萬里:《誠齋集》卷六十七,《四庫全書》集部・別集類，第
1160 冊，第 641 頁。

359. 此之悟心，要得念念與最初所悟本覺相應

大凡圓頓之教，修行儀式，必先發三重因地。何謂三重因地？一了悟覺性，二發菩提心，三修菩薩行，謂先頓悟自己分上本有靈明廣大真實圓覺之性。頓信本無無明，頓信本無生死，此謂之大悟覺性。然後方發菩提心。梵語菩提，此云覺。既了悟覺性，卻於行住坐臥，折旋俯仰，起居問訊，動容笑語，一切處，一切時，常起覺悟之心。此之悟心，要得念念與最初所悟本覺相應。所以本生和尚云：「只這動轉施為，還合得本來主人公也無？若也合得，十二時中無虛棄底道理。若合不得，吃茶說話往往作茶話會。」若得契合，此謂之發菩提心，此心便是大智之心。其次方修菩薩行者，謂於一切處，念念慈，念念悲，利樂有情，饒益群品，教化成熟，不捨攝受一切眾生。修菩薩行，如《華嚴經》中善財童子，先是文殊了悟覺性，遂乃南遊一百十城，參見五十三人善知識。凡見一善知識，皆先自云：「我已先發菩提心，而未知菩薩修何等法？行何等行？」

　　——宋・周琪：《圓覺經夾頌集解講義》卷一，《卍續藏》第 10 冊，第 245 頁。

360. 尋得舌頭落處

此是憍梵缽提在嚼飯處所證法門也，以舌舔物曰舐，舐之不已曰熟。熟舐是舌家勞，甜苦是舌家勞相也。由此舌根知甜知苦，名知味性。此知味性，離彼甜苦畢竟無體。且道將甚麼吃茶吃飯？若向此中尋得舌頭落處，便知遍覆三千大千世界廣長舌相，元不曾離卻舐吻邊嚼飯處。

　　——明・通潤：《楞嚴經合轍》卷三，《卍續藏》第 14 冊，第 310 頁。

361. 無論在家出家，但自造業

第一不得棄這個，這個不是易得，須向高高山頂立，深深海底行。此處行不易，方有少分相應。如今出頭來，盡是多事人，覓個癡鈍漢不可得。莫只記冊子中言語，以為自己見知，見他不解者，便生輕慢。此輩盡是闡提外道。此心直不中，切須審悉。與麼道，猶是三界邊事，莫在衲衣下空過。到這裡更細微在，莫作等閒，須知珍重。又睦州與講僧吃茶次，州曰：「我救你不得也。」曰：「某甲不曉，乞師垂示。」州指油餅曰：「這個是甚麼？」曰：「色法。」

州曰：「這入鑊湯漢，無論在家出家，但自造業。」兼根兼境，不得解脫。何怪乎藥山睦州之言。

——明・曾鳳儀：《楞嚴經宗通》卷八，《卍續藏》第16冊，第916頁。

362. 且道歸宗一眾，在三種內三種外

石霜普會云：「休去歇去，冷湫湫地去，是為二乘寂滅之樂。」雲門云：「一切智通無障礙。」拈起扇子云：「釋迦老子來也，是為法喜禪悅之樂。德山棒，臨濟喝，是三世諸佛慈悲喜捨之樂。除此三種樂外，不為樂也。且道歸宗一眾，在三種內三種外？」良久云：「今日莊主設饌飯，俵瞅錢。參。退僧堂內普請吃茶去。」喝一喝。

——明・曾鳳儀：《楞嚴經宗通》卷九，《卍續藏》第16冊，第922頁。

363. 學道之人別無方便

故宗鏡云：「若以如如佛，法性佛，何人不具？若以國土身，虛空身，何法不圓？則處處皆是寶坊，丘陵誰立？念念咸成正覺，妄想何生？故魏府老洞華嚴云：『佛法在日用處，在行住坐臥處，吃茶吃飯處，語言相問處。所作所為，舉心動念，又卻不是也。』故知學道之人別無方便，只是日用處不迷真心，自然顯發耳。」

——明・通潤：《起信論續疏》卷二，《卍續藏》第45冊，第427頁。

364. 九年來面壁，唯有吃茶言

宗頌曰：「如來一大事，出現於世間。五千方便教，流傳幾百年。四十九年說，未曾忏出言。如來滅度後，付囑迦葉邊。西天二十八，祖佛印相傳。達摩觀東土，五葉氣相連。九年來面壁，唯有吃茶言。二祖為上首，達摩回西天。六祖曹溪住，衣缽後不傳。派分三五六，各各達真源。七八心忙亂，空花墜目前。苦哉明眼士，認得止啼錢。外道多譏謗，弟子得生天。昔在靈山上，今日獲安然。六門俱休歇，無心處處閒。如有玄中客，但除人我山。一味醍醐藥，萬病悉皆安。因緣契會者，無心便安禪。」

師因把杖打柱問：「什摩處來？」

對云：「西天來。」

師云：「作什摩來？」

對云：「教化唐土眾生來。」

師云：「欺我唐土眾生。」卻問：「大眾還會摩？」

對云：「不會。」

師打柱云：「打你個兩重敗闕。」

──南唐・靜、筠：《祖堂集》卷十一，《大藏經補編》第 25 冊，第 3093
　　～3094 頁。

365. 佛病最難治

師曰：「佛病最難治。」

進曰：「師還治也無？」

師云：「作摩不得。」

僧曰：「如何治得？」

師云：「吃茶吃飯。」

──南唐・靜、筠：《祖堂集》卷十一，《大藏經補編》第 25 冊，第 3101 頁。

366. 汝若道得，我則提囊煎茶送汝

有僧辭師，問：「腳根未跨門限，四目相睹，一生便休去。更招人撿點？
為復不招人撿點？汝若道得，我則提囊煎茶送汝。」

無對。

師以杖趁出法堂云：「這虛生浪死漢！」

別僧代云：「亦招人撿點。」

師云：「過在什摩處？」

對云：「一翳又作摩生？」

師肯之。

──南唐・靜、筠：《祖堂集》卷十三，《大藏經補編》第 25 冊，第 4014 頁。

367. 他不饑，吃什摩

魯祖和尚，嗣馬大師，在池州。師諱寶雲，機格玄峻，學徒來參，面壁而
坐。問：「如何是言不言？」

師云：「汝口在什摩處？」

對云：「某甲無口。」

師云：「將何吃茶飯？」

自後洞山代云：「他不饑，吃什摩？」

問：「如何是諸佛師？」

師云：「頭上寶蓋生者不是。」

——南唐·靜、筠：《祖堂集》卷十四，《大藏經補編》第 25 冊，第 4066 頁。

368. 可悲可痛

浮杯和尚，有凌行婆來禮拜師，師與坐吃茶。

行婆乃問云：「盡力道不得底句，還分付阿？」

師云：「浮杯無剩語。」

婆云「某甲不恁麼道？」

師遂舉前語問婆。

婆斂手哭云：「蒼天中間更有冤苦。」

師無語。

婆云：「語不知偏正，理不識倒邪，為人即禍生也。」

後有僧舉似南泉。南泉云：「苦哉浮杯，被老婆摧折。」

婆後聞南泉恁道，笑云：「王老師猶少機關在。」

有幽州澄一禪客，逢見行婆，乃問云：「怎生南泉恁道猶少機關在？」

婆乃哭云：「可悲可痛。」

禪客罔措。

婆乃問云：「會麼？」

禪客合掌而退。

婆云：「倚死禪和如麻似粟。」

後澄一禪客舉似趙州。趙州云：「我若見遮臭老婆問，教口啞卻。」

澄一問趙州云：「未審和尚怎生問他？」

趙州以棒打云：「似遮個倚死漢，不打待幾時。」連打數棒。

婆又聞趙州恁道云：「趙州自合吃婆手裏棒。」

後僧舉似趙州。趙州哭云：「可悲可痛。」

婆聞趙州此語，合掌歎云：「趙州眼放光明，照破四天下也。」

後趙州教僧去問婆云：「怎生是趙州眼？」

婆乃豎起拳頭。趙州聞乃作一頌送凌行婆云：「當機直面提，直面當機疾。報爾凌行婆，哭聲何得失。」

婆以頌答趙州云：「哭聲師已曉，已曉復誰知。當時摩竭國，幾喪目前機。」

——宋・道原：《景德傳燈錄》卷八，《大正藏》第 51 冊，第 262～263 頁。

369. 文殊與維摩對譚何事

問：「文殊與維摩對譚何事？」

師曰：「義墮也。」

僧問：「寂然無依時如何？」

師曰：「猶是病。」

曰：「轉後如何？」

師曰：「船子下揚州。」

問承古有言，師便作臥勢良久，起曰：「問什麼？」

僧再舉。師曰：「虛生浪死漢。」

問：「箭露投鋒時如何？」

師曰：「好手不中的。」

僧曰：「盡眼勿標的時如何？」

師曰：「不妨隨分好手。」

問古人道：「路逢達道人，不將語默對，未審將什麼對？」

師曰：「吃茶去。」

師問僧：「什麼處來？」

對曰：「神光來。」

師曰：「晝喚作日光，夜喚作火光。作麼生是神光？」

僧無對。

師自代曰：「日光火光。」

棲典座問：「古人有言，知有佛向上事，方有語話分。如何是語話？」

師把住曰：「道道。」

棲無對。

師蹋倒，棲起來汗流。

師問僧：「什麼處來？」

僧曰：「近離浙中。」

師曰：「船來陸來？」

曰：「二途俱不涉。」

師曰：「爭得到遮裏？」

曰：「有什麼隔礙？」

師便打。

——宋·道原：《景德傳燈錄》卷十六，《大正藏》第 51 冊，第 327 頁。

370. 久向廬山石門，為什麼入不得

自曹山印可而居小溪。僧問：「久向廬山石門，為什麼入不得？」

師曰：「鈍漢。」

曰：「忽逢猛利者，還許也無？」

師曰：「吃茶去。」

——宋·道原：《景德傳燈錄》卷二十，《大正藏》第 51 冊，第 364 頁。

371. 趙州吃茶，口行人事

上堂云：「雲門糊餅，非面所成。趙州吃茶，口行人事。諸人還相委悉麼？若也委悉，方信古人是截鐵之言。如或未入玄關，且在荊棘林裏。」

——宋·惟白：《建中靖國續燈錄》卷二十五，《卍續藏》第 78 冊，第 790 頁。

372. 錯，錯，吃茶去

上堂：「達磨祖師在腳底，踏不著兮提不起。子細當頭放下看，病在當時誰手裏。張公會看脈，李公會使藥。兩個競頭醫，一時用不著。藥不相投，錯，錯，吃茶去。」

——宋·正受：《嘉泰普燈錄》卷十九，《卍續藏》第 79 冊，第 406 頁。

373. 若合不得，吃茶說話，往往喚作茶話在

上堂：「祇這施為動轉，還合得本來祖翁麼？若合得，十二時中無虛棄底道理。若合不得，吃茶說話，往往喚作茶話在。」

僧便問：「如何免得不成茶話去？」

師曰：「你識得口也未？」

曰：「如何是口？」

師曰：「兩片皮也不識。」

曰：「如何是本來祖翁？」

師曰：「大眾前不要牽爺恃娘。」

曰：「大眾欣然去也。」

師曰：「你試點大眾性看。」

僧作禮。

師曰：「伊往往道一性一切性在。」

僧欲進語，師曰：「孤負平生行腳眼，問去卻即今言句。請師直指本來性。」

師曰：「你迷源來得多少時？」

曰：「即今蒙和尚指示。」

師曰：「若指示你，我即迷源。」

曰：「如何即是？」

師示頌曰：「心是性體，性是心用。心性一如，誰別誰共。妄外迷源，祇者難洞。古今凡聖，如幻如夢。」

——明・通容：《五燈嚴統》卷五，《卍續藏》第 80 冊，第 671 頁。

又，《竺峰敏禪師語錄》載：

茶話，舉馬頰山本空禪師垂語云：「祇這施為動轉，還合得本來祖翁麼？若合得，十二時中無虛棄道理。若合不得，吃茶說話往往喚作茶話在。」

僧便問：「如何免得不成茶話去？」

空曰：「汝識得口也未？」

僧曰：「如何是口？」

空曰：「兩片皮也不識。」

僧曰：「如何是本來祖翁？」

空曰：「大眾前不要牽爺恃娘。」

僧曰：「大眾忻然去也。」

空曰：「你點大眾性看。」

僧作禮。

空曰：「伊往往道一性一切性在。」

僧欲進語。空曰：「辜負平生行腳眼。」

後南堂頌曰：「參禪學道莫匆匆，動轉無非觸祖翁。口在面門猶不見，吃茶清話故難通。水中鹽味如相似，色裏膠青信不空。欲得不招無間業，莫將情解謗宗風。」

師曰：「恁般拈弄雖是應機而發，其間兩兩有些滯搭。是何滯搭？舉措匆匆，動觸祖翁。水鹽味似，膠色不空。且道還落情解不落情解？是謗宗風不謗宗風？」良久撫案云：「竹凜嚴霜枝逾茂，樹沾春露葉更濃。」

——清・性巨、性湛等編：《竺峰敏禪師語錄》卷二，《嘉興藏》第 40 冊，第 234 頁。

374. 都是鹵莽伎倆，嚇騙小兒

上堂：「架箭立牌，擎叉舞劍。都是鹵莽伎倆，嚇騙小兒。若是堂堂正正，八字打開。吃粥者任他吃粥，吃茶者任他吃茶。石橋無隔礙，大道沒遮攔。一切人驀直行去，處處綠楊堪繫馬，家家有路透長安。」

上堂：「未開口已前，佛法盡布大地也。豎拳豎拂，土上加泥。說要說元，霜中摸雪。三世諸佛，何曾知有。歷代祖師，徒勞饒舌。這裡只管種菜鋤茄，豈暇眼中著屑。」遂以拂子自摑口曰：「老僧口門齒折。」

師誕上堂：「世尊四月初八，山僧十月初八。均一初八，一個鑄金，一個燒鐵，一個度盡恒沙，一個自救不了。為甚釋迦說奇哉一切眾生，具有如來智慧德相？」喝一喝曰：「一任峨嵋山積雪，依然滄海水東流。」

上堂：「西風吹細雨，落葉滿空庭。不語燈花墜，停針淚自零。且道有甚麼事關切？放不下，提不起，炯炯綿綿在眼前，愁人只怕愁人聽。」

——清・超永：《五燈全書》卷八十九，《卍續藏》第 82 冊，第 498 頁。

375. 不是心，不是佛，不是物，是個甚麼

慈谿五磊靈山天音朝禪師，小參，舉初祖道：「內不放出，外不放入。心如牆壁，可以入道。」師卓拄杖曰：「大眾要見達磨老祖麼？醫得眼前瘡，剜卻心頭肉。」復卓一卓。

問：「閉門打坐，接上上機。搬磚運土，又接何機？」

師曰：「你是門外漢。」

問：「不是心，不是佛，不是物，是個甚麼？」

師高聲曰：「葫蘆葫蘆。」

僧擬議，師曰：「趙州東壁掛底。」

師吃茶次，僧求指示。師曰：「卻值山僧吃茶。」

僧擬議，師以茶驀麵便潑。

清逸座主，休夏五磊，一日謂師曰：「我今日要你私通車馬。」

師曰：「從來不曾，官不容針。」

曰：「長慶道：『萬象之中獨露身，為人自肯乃方親。昔時謬向途中覓，今日看來火裏冰。』豈不是天台所談一空觀麼？」

師曰：「錯。」

曰：「畢竟如何？」

師揮扇曰：「青絹扇子足風涼。」

曰：「你又關卻門也。」

師大笑。

清又問：「壁立萬仞，是甚麼意旨？」

師曰：「針紮不入。」

曰：「不會。」

師曰：「滴穿鼻孔。」

——清‧超永：《五燈全書》卷九十四，《卍續藏》第 82 冊，第 527 頁。

376. 所作所為，舉心動念，又卻不是也

傳曰：《肇論》曰「般若無知」者，無有取相之知也。常人皆謂般若是智，智則有知也。若有知，則有取著。若有取著，則不契無生。今明般若真智，無相無緣。雖鑒真諦，而不取相。故云無知也。故經云：「聖心無知，無所不知矣。」又經云：「真般若者，清淨如虛空，無知無見，無作無緣。」斯則知自無知矣，不待忘也。以此知真知，不落有無之境，是以諸佛有秘密。秘密之教，祖師有默傳。密付之宗，唯親省而相應，非言詮之表示。若明宗者。了然不昧，寂爾常知也。魏府元禪師曰：「佛法在日用處，行住坐臥處，吃茶吃飯處，語言相問處。所作所為，舉心動念，又卻不是也。」

——宋‧慧洪：《智證傳》卷一，《卍續藏》第 63 冊，第 192 頁。

377. 吃茶莫動口

僧問：「世尊拈花，迦葉微笑，世尊云：『吾有正法眼藏，付囑與汝。』設使斯時百萬人天俱笑，正法眼藏付與阿誰？」

師曰：「貪觀天上月，失卻手中橈。」

問：「有一人不從雲水至，不從人天來，和尚與他何處相見？」

師曰：「吃茶莫動口。」

問：「有一棒打不回頭，還是師子兒？鳳凰兒？」

師曰：「同坑無異土。」

問：「頭頭顯露，物物明真。不用躊躇，直截便道。請問和尚道個甚麼？」

師曰：「心不負人，面無慚色。」

問：「《華嚴經》曰剎說眾生說三世國土說，請問和尚說個甚麼？」

師曰：「三年無改，可謂孝矣。」

問：「日月照臨不到，天地覆載不及，劫火燒他不著，畢竟何處是他安身立命所在？」

師曰：「鄰家乞新火，分與讀書燈。」

——明・明方：《石雨禪師法檀》卷十，《嘉興藏》第 27 冊，第 116 頁。

378. 命根斷後正好吃茶

僧問：「某僧問博山『命根斷後如何』，山曰『正好吃茶』。於此有疑，今更請問和尚。」

師曰：「未許吃茶。」

曰：「畢竟意旨如何？」

師曰：「看取博山上文。」

——明・明方：《石雨禪師法檀》卷十，《嘉興藏》第 27 冊，第 116 頁。

379. 曹溪水，趙州茶

宗門有曹溪水趙州茶話，愚人以修養家吞津咽液、華池神水等當之，此訛也。僧問：「如何是曹溪一滴水？」古德云：「是曹溪一滴水。」

趙州問僧曾到此間否，到與不到皆令吃茶去。此是最上開示心宗之極談也，豈可作色身上吐納會耶！乃至認夾脊為趙州橋！其類不一，明理者例斥之。

——明・袾宏：《雲棲法彙》卷十五，《嘉興藏》第 33 冊，第 75 頁。

380. 不免倚靠在

上堂，學人問：「趙州吃茶去意旨如何？」

師云：「胡地冬抽筍。」

學云：「曹山愛顛酒又作麼生？」

師云：「京師出大黃。」

學人問：「拈香擇火，古佛家風，吃飯穿衣，祖師妙訣。和尚還有為人處也無？」

師云：「一棒一條痕。」

學云：「作家宗師，宛爾不同。」

師云：「適來一棒作麼商量？」

學云：「龍得水時添意氣，虎逢山處長威獰。」

師云：「不免倚靠在。」

乃云：「芭蕉聞雷發聽不出聲，葵花隨日轉見不超色。若道無情有佛性，庭前柏子，應當授記作佛。因甚年深月久，枝葉尚存，惱亂春風，卒無休日！若言無情無佛性，卻也是法，平等無有高下，會合得來，佛法世法捏作一團。你若刻舟求劍，猿聲啼不住，已過萬重山。」

——明‧符（尼）：《靈瑞尼祖揆符禪師妙湛錄》卷三，《嘉興藏》第 35 冊，第 723 頁。

381. 趙州傾鴆毒於茶甌

上堂：「趙州傾鴆毒於茶甌，不能爛院主腸肚。懶安露霜刀於笑面，未即斷疎山命根。若是吾鄉我里之人，決不敢輕易動著。何故？台州性一觸便發。」

上堂：「江南兩浙，春寒秋熱。一雨便涼，莫言不說。」

上堂，拈拄杖卓一下云：「白大眾。」眾舉首。遂靠拄杖云：「且待別時開爐。」

上堂：「南山自羅回祿之後，不敢道著火字，亦不敢動著死柴頭。今日開爐，且撥冷灰看。」以拄杖撥雲：「照顧燎卻眉毛。」

——明‧文琇集：《增集續傳燈錄》卷五，《卍續藏》第 83 冊，第 320 頁。

382. 真假玉杯

西堂茶話，師與李太宰伯仲及毛克舉、周更生、馮西星諸公會茶。毛公問朝聞夕可之旨。師舉如意示之曰：「諸公聞麼？」

眾無語。

師曰：「且聽一喻：主人請客，侍人取玉杯來，失手撲破，眾客失色。主人怡然不驚，客歎其高致。主人曰：『此假玉杯也。』客復訝曰：『怪道不驚，元來已先勘破了也。更請真玉杯看。』主人笑曰：『方撲破時，真玉杯已儼然呈獻矣。乃諸君自不具眼耳。』於是客皆感悟。」

毛公大喜曰：「靈源論參禪須死偷心，今夕可撲破矣。」

太宰曰：「此一鉗錘非同輕小，不惟親見妙道，亦使親見孔子真正面目也。」

——明．道盛：《天界覺浪盛禪師全錄》卷九，《嘉興藏》第 34 冊，第 644 頁。

383. 此大師摑塗毒鼓，斷千古命根

北齋茶話，李公楫云：「昨與家伯快談何事？」

師曰：「太宰云：『昔一名公，嘗言燈錄有禪師言，解鄙淺者亦入之，或有宰官，一時聰辨撞彩者亦入之。此未必盡悟，或為後人引進乎？』予笑曰：『勘破此公也。』吾初會令侄，公楫嘗舉二祖安心話問，予云：『如我等亦覓心了不可得，使大師曰為汝安心竟，我等向不徹去！』予曰：『要人之偷心自死耳，使二祖不真到此而達磨亦決不如此也。如孔子呼參曾子曰：唯子出看他師資之啄啐，同時亦何嘗弗思議哉。』更有一喻：如君有十友，偶託一誠信者行事，及返，命彼語尚未完，君即領之又託彼九友，素行詭異者，彼雖語意條貫，君心徹底不肯，且再四徵詰如公家斷案，果有被告與干證俱是欺詐，又不容不窮奸辨偽以折伏其心也。按彼名公，正是自視聰明而無實證，乃疑古人亦猶己也。殊不知勘驗人之真見，豈在言語之工拙哉！昔歸宗聞一僧自叫大悟，謂尼姑元是女人做，宗即許之。若非真見得，此僧即問一答十，問十答百，如香嚴之見溈山，亦安肯輕放過哉！果真有悟解之人，明眼者遠遠望見即賞識矣！又何待彼開口乎？令伯爽然謂人，決不可不遇真手眼知識也。」

楫感激曰：「此大師摑塗毒鼓，斷千古命根。特先施我以法乳也，敢自欺哉？」

楫又問：「今人有專以機鋒棒喝為向上宗旨者，何如？」

師曰：「是即是，恐人多錯認了機鋒棒喝也。一居士聞法師談金剛忍辱波羅蜜，喜極歸家，見小兒失跌啼哭，士曰：『此處正好說能所體空之無生忍也。』士愈說兒愈哭，其妻窺見丈夫不救兒，且口喃喃地，乃拈一火柴頭，走出將地打一下喝曰：『你如何跌我兒子耄？』兒見母打地便不哭而起矣。士忽踴叫曰：『今乃悟我老婆善談般若之無生忍也。』」

師復曰：「知此意乎？使此士他日學老婆拈火柴頭打地，又何異昔日之學法師談般若乎？」

楫大喜，顧席中白桌惺公曰：「此大師真機鋒棒喝也，真能殺能活能縱能奪大權方便也，真足破近世學老婆拈火柴頭，以為機鋒棒喝不作機鋒棒喝用者也！」

———明・道盛：《天界覺浪盛禪師全錄》卷九，《嘉興藏》第 34 冊，第 644 ～645 頁。

384. 人人皆知是直探根宗，爭奈探根宗之心不能直捷深入耳

臨川天寧寺茶話，朱長文長源、齊寅生、陳伯幾茶次，文公問：「人人皆知參禪一事直探根宗，如何學人終日參不透徹何也？」

師云：「人人皆知是直探根宗，爭奈探根宗之心不能直捷深入耳。此不但參禪，即如子事父、臣事君亦未見有能直捷深入者也。孔子嘗曰臣之事君，當以大道，若瑣屑數末之事，則反辱君命與辱己身也，又安能陳善閉邪而格君心之非哉？如大舜之事頑父囂母、友愛傲弟，可謂真能事親而不見親，有不是處祇自怨慕號泣，所以終至底豫。文王天下有其二而服事殷，但曰天王聖明而小心翼翼，雖至羑里，而無不敬。於是感悟昏紂而釋其囚，故夫子以大孝稱舜，以純至稱文，皆歎美其能直心事親事君也。故曰事父母幾諫，見志不從，又敬不違，勞而不怨，此一則唯舜與文足以當事之。一字世儒不達聖意以須幾諫，又安知事之至極？自然底豫感悟，何況孝子忠臣之心一往直前，祇知有君親可事，不知有廩之可完，井之可濬。羑里之囚，昏亂之惡也，臣子才見得君父有不是處，便有弒父弒君之漸矣。今之參禪學道，祇愛用知見情識去公案機鋒上領略，卜度如何得深入門庭堂奧而見本生之君父哉？此旨唯吾曹洞祖師深悟直指之宗，故立如子事父、如臣事君之旨，以開示世間出世間之後學，必如是念念歸根，心心得旨，若才隨照則失宗矣。你不見倒

剎竿、青州衫、廬陵米價、日麵月麵、柏樹子、麻三斤諸公案，皆是直截根源，不容擬議而親見祖父於一吼俱盡乎！」

諸公大喜曰：「此不特為少林一脈直通元氣，即舜文周孔乃於今日始得見其真面孔也！」

幸侍者記之，使天下後世悟斯旨者，皆得致君親、樂太平於大師言下矣。

——明‧道盛：《天界覺浪盛禪師全錄》卷九，《嘉興藏》第 34 冊，第 646 頁。

385. 你知各人本分事麼

靈谷茶話，師云：「諸公才見堂中諸學人參究本分事麼？」

二公云：「近日視諸禪師從容恬密，真覺得個個有入處相似。」

師云：「居士，你知各人本分事麼？既謂之本分事，則不假借分外一毫也。平日不依名利恩愛則依文字理解，不依文字理解則依玄妙知見，凡佛祖機緣公案皆是依通識揣，又安能蹋翻聖凡生死窠臼，顯發本分機用哉？如近來江北富貴之家，兵賊未亂時則奇衣美食，華堂嬌妾，金寶珍玩，車馬侍衛，喜人呼老爺相公，跪拜叩頭。及賊將臨城，則求穿奴婢衣作乞丐狀，住破屋，用惡器，損其容貌，斂其儀態，痛恨人叫老爺相公，夫人小姐。何故？怕賊識其富貴美好，欲索他珍寶，傷他性命。也即貧賤人平日喜富貴不能得，假至此日有以奇異衣服換其垢弊者，亦必叫喚馳走。何故？恐殺害之禍及身也。殊不知賊亂時之富貴珍寶，祇能招賊兵害我四大幻身。太平時之富貴珍寶，最能招貪欲害人萬劫慧命。世界之荒亂尚有靜平之日，而自心之貪欲荒亂一念陷其心性，則隨業輪轉千生萬劫，墮落異類慘殺之苦，無處可逃。自非逃於佛祖域中聞解脫法，參超悟禪，又孰能免一切生死業惑哉！是故吾宗欲人參此本分禪者，正使自全此本來法身慧命也，豈非天上天下大奇特機緣乎！」

——明‧道盛：《天界覺浪盛禪師全錄》卷九，《嘉興藏》第 34 冊，第 646～647 頁。

386. 上得天堂入得地獄，必須先有一個了生死法

陝西鄧自親偕諸文學請茶話，鄧自親居士禮請曰：「弟子陝西人，客南京。聞故土賊亂，有老母不知存亡。雖亦久信佛法，不知如何始了生死而度父母？乃痛哭流涕乞和尚大慈開示。」

師曰：「居士還知遮痛心人底出處麼？若知得此人出處，則父母故土雖歷歲月程途，亦易到易見。若不知此人，則現前不歷歲月程途本來面目卻是難見，且了不得遮生死。若了不得遮生死，你即得見母親大哭一場以盡百年孝養，亦須歸盡，安得超他出生死哉！祇如目連尊者，上得天堂入得地獄，必須先有一個了生死法，始度得他母。若無此法，終是千生萬劫徒自纏縛於生死恩愛，又何濟於大孝哉！你諸居士急宜直下透徹始得。不見龐居士云：『難難難，十石油麻樹上攤。』龐婆云：『易易易，百草頭上祖師意。』靈照女云：『也不難，也不易，饑時吃飯困時睡。』你看他雖是塵勞中人，卻能父子團圞，說無生法。且道他說難說易是個甚麼？若以百草頭邊饑餐困睡即是無生，則大地人皆是無生也，又何難易之有！又何他父子如此提唱！雖是極平嘗話，卻是極渹訛事，到遮裏也須著隻眼始得。又不見孔子云：『天下國家可均也，爵祿可辭也，白刃可蹈也，中庸不可能也。』我見天下如此林林總總，差別雜亂，亦不易均。麼一身之爵祿，為一家之欲亦不易辭。拼性命之生死，白刃亦不易蹈。而聖人反不為難，豈非中庸是天下古今人底安身立命之極平嘗極奇特之事乎！先聖語言最簡最易，如揭日月於中天，但人不肯痛心參究，所以不得真實受用。以致天下卒不可均，爵祿卒不可辭，白刃卒不可蹈。若悟入此中庸平常之道，如饑餐困睡相似，則人事無甚奇特，天下有何不可均！勢利無甚奇特，爵祿有何不可辭！生死無甚奇特，白刃有何不可蹈！只此極平常之道。人不肯參透，所以費卻許多奇特功能，終是不可能也。若不親切透過此事，如何龐家父子照耀傳燈，拋家業於湘水，了生死於笑談！豈今人所謂平常中庸之所能哉！正以天下古今之人輕易視此平常，反使此中庸之道人鮮能也！諸居士欲了世法出世法，可不參究自己本來面目遮一著子？又何難均天下辭爵祿蹈白刃，以了此平常生死性命哉！諸公還知坐立儼然當機不昧底，與父母未生前底，本自平常原無一毫差別麼？」

復說偈云：「少小離鄉老大回，阿爺相遇復相猜。偶因傍客呼名姓，頓使從前眼豁開。珍重。」

——明‧道盛：《天界覺浪盛禪師全錄》卷九，《嘉興藏》第 34 冊，第 647 頁。

387. 參禪無秘訣，祇要生死切

胡洪胤盛高姚諸士云蓮淨修禪侶請茶話。中峰大師云：「參禪無秘訣，祇

要生死切。」須知遮一切字，便是斷生死命根，剖如來藏性底金剛劍。從上佛祖百千方，便祇是拈提遮一切字，此外更無別法也。

人能痛切，為發明生死性命則一切勇猛精進，自不待人教詔。所謂如輪刀上陣，一人與萬人敵，更不顧生死危亡，所以能殺敵而自全性命。稍一不切，則生死性命皆落人手矣，可不切乎？今人不有真為生死心，徒云我疑情發不起。殊不知此心若切，即是話頭，即是疑情，即是金剛劍，即是大闡提也。到遮裏更有何生死不破，何性命不透哉？

我嘗與儒者云：「夫子稱詩可以興觀群怨，此怨之一字，即吾禪門疑情也。所謂臣不得君，子不得父，乃至不得於朋友百姓，皆此自怨之疑情。孟子善於形容大舜謂如怨如慕如泣如訴，此正是自怨自艾，自起疑情。曰我何以不得於父母兄弟哉？非有怨恨於頑父囂母與傲弟也，才有怨及父母兄弟則此自怨自艾之心終無以自悟，亦終不能感格其父母，使底豫也。」

參禪人不返求諸己，我如何不明我自己性命？如何卻被妄想之所流轉？畢竟我如何作得主？妄想生死又從何而有？只如此痛切參去，更無第二人，更無第二念。久久伎窮倆盡，一旦頓斷命根，便是大事了明也。今人參究而不悟者，皆是為生死心不切，與不能久遠痛憤耳！非古人言句話頭不能令人開悟也！如《本草綱目》中上藥不可枚舉，獨難者是久服二字。若能久服，則無藥不靈矣。今人一日暴之十日寒之，正是無痛切久遠之心，又安能得大徹大悟如古人哉！

——明・道盛：《天界覺浪盛禪師全錄》卷九，《嘉興藏》第 34 冊，第 648 頁。

388. 須知者裏是陷虎坑

杭州居士同本境數文學入寺，茶次，師問：「老居士何處？」

士云：「仁和士。」指諸文學云：「者數位俱是楊墳底老虎。」

師云：「難得居士敢與同伴。」

士云：「不入虎穴，焉得虎子。」

師云：「須知者裏是陷虎坑。」

士相顧愕然而去。

——清・行觀：《靈機禪師語錄》卷二，《嘉興藏》第 39 冊，第 430 頁。

389. 切忌認奴作郎

正值辛年子月一解制，上堂：「結制倏忽間，已圓九十日。苔錢布錦階，柳眼窺新碧。長江漲滿春，潮急蟄戶驚。明騰屈蠖，況又是走馬燈、荷花燈，慶賞元宵。松蘿茶餺飥餕飿，信心托出。正所謂時節既至，其理自彰。饒你衲僧家，坐殘千澗雪，行帶一溪煙。被囊直袋，打迸成裝，拄杖芒鞋，鼻頭向外。山僧初不見怪，只有一件事，諸仁倘或出門時，撞著道伴交肩過，切忌切忌，切忌個甚麼？切忌認奴作郎！」

——清·超永：《五燈全書》卷一百一十八，《卍續藏》第 82 冊，第 704 頁。

390. 昨日道吃茶，今日又道吃茶

師問僧：「如何是本來面目？」

僧云：「吃茶。」

師云：「昨日道吃茶，今日又道吃茶。」

僧無對。

師代云：「怎奈明日何？」

——清·暐：《斗南暐禪師語錄》卷一，《嘉興藏》第 40 冊，第 309 頁。

391. 每日吃施主齋茶，且道是福是禍

玄詣禪人從漳泉行化回，小參：「諸禪德心地難明，日子易過，栗棘蓬吞不下，鐵饅頭咬不破。每日吃施主齋茶，且道是福是禍？你若將吞不下底吞下，咬不破底咬破，任是天龍送供，豎一指云，不勞謝他這個。其或未然，拼命吃河豚，眼前且救餓。消得消不得，罪過不罪過，總要諸人自著力，全靠山僧則不可。」

——明·智闇：《雪關禪師語錄》卷一，《嘉興藏》第 27 冊，第 446 頁。

392. 山僧四轉語

先和尚三週年，眾請小參：「今日是先師三周之辰，福州林衡庭居士設茶供眾，請山僧小參。山僧無可舉揚，記得昔年先師遷化之頃，山僧問云：『去來自由，和尚作麼生道？』先師索筆大書云：『歷歷分明。』復云：『汝意作麼生？』彼時山僧悲戀蹩躄，不及答語。先師云：『留此不了公案，待汝了卻。』遂擲筆而逝。當斯時也。予思法門不幸，痛失正眼，不即外揚家

醜。今日狹路相逢，不免舉似諸兄弟商量，若能圓得末後句，不惟使先師骨血不寒，亦見先師光明煥赫。其或未然，山僧且歸方丈，待列位明日替山僧了此不了公案。」

復舉巴陵鑒禪師，有僧問：「如何是提婆宗？」

陵云：「銀碗裏盛雪。」

又問：「如何是吹毛劍？」

陵云：「珊瑚枝枝撐著月。」

（問）「如何是正法眼？」

陵云：「明眼人落井。」

後有僧舉似雲門，雲門云：「祇消此三轉語，足可供養老僧博山。」

昔年有道開禪者，自稱得悟，爭論不已。先師鳴鼓升座，將尋常看驗學人四問喚渠出答，渠不能對。

彼時山僧輪值監院，以事未及趨聽。先師命侍者喚至，將前四問復問：「殿角風搖樹，行人盡解衣時如何？」

山僧答云：「微雲籠海嶽，疏雨滴岩花。」

又問：「清風拂白月，野老笑相親時如何？」

答云：「界破青山色，黃河水倒流。」

又問：「佛殿東南因甚缺了一角？」

答云：「恰值博山修造。」

才了，又問：「僧堂中幾人坐臥？」

答云：「東西十萬，南北八千。」

先師又云：「四問許汝答，四問外汝又作麼生？」

答云：「熱場何妨撒手。」

諸兄弟，巴陵三轉語，足可供養雲門。山僧四轉語還可供養得博山先師否？諸兄弟，若也評量得出，許汝問答如流。其或未然，若無把定乾坤眼，縱遇金錍辯不真。

——明‧智誾：《雪關禪師語錄》卷一，《嘉興藏》第 27 冊，第 446 頁。

393. 這個是第幾月

中秋茶話，教中道：「菩薩清涼月，常遊畢竟空。眾生心水淨，菩提影現中。山僧今夜與諸兄弟隨群逐隊，同賞中秋，又得歡笑一場，將茶筵排列丹

堳之上，將謂廊房之下無月，玩賞天上之月。殊不知月輪不在天，月輪不在地，上下四維觀都不見月影。或有個出來，以手指月，向山僧道這個喚做甚麼？山僧道：『喚作苕帚柄。會麼？』不見雲巖掃地次，道吾云：『太區區生。』巖云：『須知有不區區者。』吾云：『莫有第二月麼？』巖乃豎起苕帚云：『這個是第幾月？』吾便休去。祇如諸兄弟喚作月，山僧喚作苕帚柄。且道苕帚柄上是真月耶？是第二月耶？是煩惱月耶？是清涼月耶？清光此夜家家有，切忌分為兩段看。」

——明・智誾：《雪關禪師語錄》卷一，《嘉興大藏經》第 27 冊，第 447 頁。

394. 無端突起一個泡泡

誕日茶話：「無端突起一個泡泡，瑞安身自裏纏曠劫，祇明今日事，虛空劃界論何年！諸上座，諸佛是泡也，眾生亦泡也，天地世界是泡也，父母我身皆泡也，汝若作個泡會，喚作毛道凡夫；你若不作個泡會，猶是邪見邊事。山僧將此種種差別總作一個大泡，拋向諸上座面前，且道是諸上座底泡耶？是山僧底泡耶？若道是諸上座底泡，昧卻山僧；若道是山僧底泡，恰又瞞卻諸上座。還有揀辯得出者麼？一漚未起猶嫌冷，萬丈波瀾豈顧高。身土互嚴渾夢事，吞乾滄海釣飛鼇。」

——明・智誾：《雪關禪師語錄》卷一，《嘉興藏》第 27 冊，第 448 頁。

395. 我從來疑著這漢

南泉山下有一庵主，人謂曰：「近日南泉和尚出世，何不去禮見？」主曰：「非但南泉出世，直饒千佛出興，我亦不去。」

師聞，乃令趙州去勘。州去便設拜，主不顧。州從西過東，又從東過西，主亦不顧。州曰：「草賊大敗。」遂拽下簾子，便歸。舉似師，師曰：「我從來疑著這漢。」

次日，師與沙彌攜茶一瓶盞三隻到庵，擲向地上。乃曰：「昨日底，昨日底。」主曰：「昨日底是甚麼？」師於沙彌背上拍一下曰：「賺我來，賺我來。」拂袖便回。

——清・超永：《五燈全書》卷五，《卍續藏》第 81 冊，第 449 頁。

396. 辯明趙州茶

昔趙州和尚，見僧問曰：「汝曾到此不？」僧云：「曾到。」州云：「吃茶

去。」又問僧云：「曾到此不？」僧云：「不曾到。」州云：「吃茶去。」院主問：「曾到，且從不曾到，如何也吃茶去？」州乃喚院主，主應諾。州云：「吃茶去。」叢林因此有趙州茶話公案。今愚人不明祖師大意，妄自造作，將口內津唾，灌漱三十六次咽之，謂之吃趙州茶。或有臨終妄指教人，用朱砂末茶點一盞吃了，便能死去，是會趙州機關。更可憐憫者，有等魔子以小便作趙州茶。何愚惑哉！非妖怪而何耶？真正修心者，但依本分念佛期生淨邦，切不可妄將祖師公案杜撰穿鑿，是謗大般若之罪人也。不見道，乍可粉身千萬劫，莫將佛法亂傳揚。

——元·普度：《廬山蓮宗寶鑒》卷十，《大正藏》第 47 冊，第 349 頁。

397. 度一碗水

師〔註6〕在德山為侍者。德山斫木，欲山〔註7〕將一碗水，度與師，師接得吃卻。山云：「會麼？」

師云：「不會。」

山又將一碗水，度與師，師接得又吃卻。山云：「會麼？」

師云：「不會。」

山云：「何不成褫取那不會底？」

師云：「不會又成褫個甚麼？」

山云：「大似個鐵橛。」

師住後，雪峰相訪，茶話次。峰問：「當年在德山斫木因緣作麼生？」

師云：「先師當時肯我。」

峰云：「和尚離先師太早，其時面前，有一碗水。」

峰云：「將水來。」

師度與峰，峰接得便潑卻。

雲門云：「莫壓良為賤。」

——宋·悟明：《聯燈會要》卷二十二，《卍續藏》第 79 冊，第 188 頁。

398. 猶是亂叫亂跳，更試舉看

潭州溈山五峰如學禪師，關中臨潼任氏子，參密雲悟和尚。一夕茶話次，

〔註6〕青原下第六世鼎州德山宣鑒禪師法嗣泉州瓦棺和尚。
〔註7〕此處語義、主賓混亂不通，蓋記錄差訛，可作刪除「欲山」二字解。

悟驀伸腳曰：「你作麼生？」師以腳踢之。悟笑曰：「未在未在。」師曰：「和尚道看？」悟倒臥。師曰：「也只是困。」悟曰：「你又與麼去也？」師乃禮拜。

天敬丙寅冬，金粟眾盈五百，悟乃舉師為西堂。林皋豫見師於西堂僚，問：「漢首座何如？」師云：「我也不知。」豫云：「宗師家具擇龍蛇眼，為甚麼道不知？」師云：「兄眼何在？」豫便喝，師默然，豫又喝。師云：「何不再喝？」豫云：「好不知痛癢。」師便休。

一日師辭行，悟握拂曰：「喚作拂子則觸，不喚作拂子則背。不得拈起，不得放下。不得下語，不得無語。不得錯舉，若不錯舉，則分付汝。」師則連跳兩跳曰：「不要，不要。」悟曰：「猶是亂叫亂跳，更試舉看。」師轉身曰：「某甲去也。」悟乃付源流拂子。

崇禎庚午，悟住黃檗。師在西堂寮，僧隱元琦參，向師豎拳曰：「識得這個，天下太平。識得這個，天下爭競。如何決斷？」師便打，僧再喝，師又打，僧連喝兩喝，師又兩打。僧遂呈所得。師云：「此子徹也。」乃呼進寮云：「汝有悟處，試道看？」僧云：「道即不難，只恐驚群動眾。」師云：「但說何妨。」僧打觔斗而出。師云：「真獅子兒，善能哮吼。」

癸酉，出溈山之金陵祇陀林，忽示寂，龕歸建塔。所著五宗派敘，示衡州僧谷應。後黃龍牧夫，付梓行世（天童悟嗣）。

——清·聶先：《續指月錄》卷十九，《卍續藏》第 84 冊，第 132 頁。

399. 山僧不解佛法，所說的都是老實事

茶話：「凡學道者，猶如種禾，日日要見工程，以至收割已竟，方始放心。若是應種不種，當耘不耘，失其時序，欲望其收，蓋亦難矣。今時兄弟家，徒見古人一語之下心地開通，半軸之中義天朗曜，便向門頭戶底，學一轉兩轉語句，以當平生參學，便乃放心自在，笑傲雲山，更不加功詢法，不亦難乎！未悟之人，且置而勿論。只如已悟之人，豈肯便放其心！故曰大事已明，如喪考妣。故有牧牛之說。所言尋牛者即參扣話頭也，見跡者初見靜功也，見牛者即開悟見性也，放牛者斷習也，牛馴者習氣薄熟也，牛睡者忘功也，忘牛忘人者證二空也，返本還源者得正位也。經云『十劫坐道場，佛法不現前』即此位也，此乃猶是因心法身，未說報身。若論報身，歷劫薰修相好，方乃成佛。故梵語盧舍那，此云福智圓滿。所以南泉石鞏等諸大老有

牧牛之說，豈是如今這等容易！經教不明一卷，公案不透一則，出語大似醉人，一任便宜自在，規矩不循，威儀不整，於止靜時強坐一炷香。坐香才罷，便乃出外閒遊，乃云無掛無礙。才上單來，便被昏沉及與散亂遞相溷擾。卻不奈何！即起寄心放逸，不知不覺把好光陰差過了也！山僧不解佛法，所說的都是老實事。若肯相悉，不枉同住。若不相信，莫謂山僧不說好。」

——明·明凡：《湛然圓澄禪師語錄》卷四，《卍續藏》第 72 冊，第 796 頁。

400. 一念放下，便覺痛快

徑山馮秀才請茶話：「念地獄苦，發菩提心。不知者以為離地獄別有菩提，安知菩提云覺，覺知為苦，發心求道，是名菩提，無別有也。如世人無知，五欲所繫，名利所拘，恩愛所裾，冤憎所縛，無繇出期，蓋不知為苦，不求出離。是則為迷。苟一念覺知，發心解脫，便乃棄恩愛，遠名利，斷五欲，離冤憎，撇家鄉，拋妻子，抖擻塵勞，徑身獨脫，可謂菩薩一念發心便登正覺也。不意到出家地位，反認庵堂廓宇為家，以施主為親，以徒弟為子，多方繫縛。如欲坐禪參學，不勝其難，是昧其初心也。更有一等兄弟，發心參學，為惡知識所誤，或自緣經教，心標二境，祇欲離動求靜，捨妄取真，除昏敵散，致使終其身而不能見道者。無他，蓋繇心緣二法故也！豈不聞經云：『識心達本，解無為法，故號沙門。』豈無為法中，有如是等閒名相耶？故我本師為斷如是過故，說常樂涅槃。故曰：『一切法趣涅槃，是趣不過者。』夫涅槃者，安樂也。惟安與樂是人所欲，然有大小。佛及菩薩永捨二死，是大安樂。聲聞緣覺已盡分段，更不受生，是小安樂。譬如世人負千百觔擔，不勝勞苦，一念放下，便覺慶快，是名安樂也。如此則佛及菩薩如擔擔到家者，聲聞緣覺如中路放下者。小大雖異，安樂是同。故山僧常教人放下，諸兄弟猶以為未盡反致狐疑者。無他，但求道不真，厭苦未切耳！若兄弟家或看教者，名相煩心，葛藤纏繞。或坐禪者，昏散作對，非是成敵。一念放下，便覺痛快也。譬如世間人有極苦事，一念解釋，便知安樂。如不苦不樂人，雖終其身不能自知。修行人亦復如是，有極難故，然後知其為易。若疑信相半，悠悠自適，莫知所反，望其安樂，不亦難乎！」

——明·明凡：《湛然圓澄禪師語錄》卷四，《卍續藏》第 72 冊，第 796
～797 頁。

401. 豈非平等法門乎

禹門院茶話，師云：「吾於此地本來無福，不勞眾兄弟讚歎，倘若讚之，讚之無益。吾於此地本來無過，不用眾兄弟毀謗，設若毀之，毀之不及。既讚之無益，毀之不及，豈非平等法門乎？夫佛與眾生平等，煩惱與菩提平等，西方與東土平等，天與地平等，我與你平等，平等與不平等平等。噫，白日易遷顏色老，黃金難買少年還。」

　　──明·圓修：《天隱和尚語錄》卷三，《乾隆藏》第 154 冊，第 529 頁。

402. 茶中本無話

師二十三歲充行堂，後隨湛和尚石佛聽講《法華》，至第二卷會得實相之理，要須悟證，不在言說，遂同友頑石再參壽昌和尚。時飢饉，道途艱苦，見昌，才作禮便問：「黑白未分時如何？」

昌云：「非是思量得到。」

師遂禮拜。

昌云：「汝都在者裏過日麼？」

師云：「且喜沒交涉。」

昌乃休。次日，師呈偈頌二十餘首。昌云：「這也不消得，汝者後生具有夙根，但向蒲團討飯吃，二十年管教有出頭日子在。」

一日，頑石頌楊岐「新婦騎驢話」，師與品騭。石索師頌云：「新婦騎驢阿家牽？者般消息許誰占？眉間掛劍揮天地，不生嫌處也生嫌。」

石持似昌，昌以為當，石始歎服。時梅庵與師同寮，晝持不語戒，夜就師請教。普茶次，頑石云：「請和尚說茶話。」

昌云：「茶中本無話，因請舉則有。有則總不是，無亦不可守。」

石云：「請和尚再道一句。」

昌云：「天上人間無如者。」

因顧師云：「且道老僧意旨如何？」

師云：「某甲卻不聞。」

昌休去。昌誕日，上堂：「末句云如何是不涉廉纖一句？」師在眾中云：「請和尚歸方丈。」嗣至廬山，石門見憨山大師，問：「古人道離心意識參，絕凡聖路學意旨如何？」山云：「待汝離卻心意識向汝道。」

師便喝。山云：「這個後生弄嘴。」

師云：「要且無人證明。」

山不理師。便出至皖公山訪瑞白禪師，遂與度歲。

——明·通容：《費隱禪師語錄》卷十四，《嘉興藏》第 26 冊，第 184 頁。

403. 以熱茶劈面潑

有汾陽武居士匆匆至，山野前云：「昨日今朝事不同，山野徵云是何故？」答云：「者幾期被他家兒孫顛倒，我要與和尚算帳。」山野以熱茶劈面潑云：「算個甚麼？」士便儱侗禮拜。山野云：「大遠在。」見士不會，山野但拍案呵笑而已。雖然，觀居士身口叨叨，似有喜狂不禁之狀，山野從容喻問，乃云：「弟子問憨師宗旨，教我直捷便了，云他不耐煩說。今和尚莫顢頇我，但如此就罷。」然直捷一著，固不可無，山野聞就罷二字豈得袖手不援耶！即以直捷言之。

——明·慧機：《慶忠鐵壁機禪師語錄》卷十七，《嘉興藏》第 29 冊，第 647 頁。

又，《續燈正統》載：

廣信府弋陽皓山慧濟次齋智季禪師，饒州樂邑程氏子。生萬曆戊子十一月三日，產地無聲，至月滿始啼。年二十五，染病甚苦，有禪者告以生死不明，其苦過上。遂決志出俗，投雲谷喜祝髮。二十七參鵝湖心，看念佛是誰話有省。一日湖舉二鼠侵藤話，師問：「枯藤斷了，向甚處安身立命？」湖隨將熱茶劈面一潑，師豁然大悟。遂承付囑，崇禎甲申，開創皓山。

——清·性統：《續燈正統》卷三十，《卍續藏》第 84 冊，第 578 頁。

404. 船來陸來

茶話，舉一僧到古德處，德云：「船來陸來？」

僧云：「船來。」

問云：「船在那裡？」

僧云：「船在河下。」

其僧去，古德謂近侍曰：「適才者僧是作家。」

師云：「即今若有問山僧船來陸來，但雲細雨落江舟。又問船在那裡，但云中秋遠明月。恁麼答話，且道與古人差別多少？此夜一輪隱，清光何處無。」

——明·慧機：《慶忠鐵壁機禪師語錄》卷四，《嘉興大藏經》第 29 冊，第 587 頁。

405. 是那些辜負汝等

茶話：「睜眼覷著，舉箸拈著，張口咬著，滿盤托著，是那些辜負汝等？」良久云：「我歸方丈汝歸堂，相逢只在秋江上。」

——明·慧機：《慶忠鐵壁機禪師語錄》卷四，《嘉興藏》第 29 冊，第 587 頁。

406. 大眾還識一之歸處麼

除夕茶話：「秤錘移到徹稍頭，蜘蜎輥彈臨極處。老鼠鑽上牛角尖，森羅萬象齊歸一。大眾還識一之歸處麼？除夕若逢九，大家要知有。撞著腦後腮，牙齒原在口。」久立，珍重。

——明·慧機：《慶忠鐵壁機禪師語錄》卷四，《嘉興藏》第 29 冊，第 587 頁。

407. 賓主兩忘，作麼生道

茶話，舉手云：「三世諸佛覷不見，還見麼？設或見，不可喚作眼，歷代祖師聞不著，還聞麼？設或聞，不可喚作耳。既不喚作耳，又不喚作眼，畢竟喚作甚麼？昨日南賓，依然城市。今朝三教，宛是山林。山林城市，不別賓主之句歷然，賓即是主，主還同賓。全主全賓，全賓全主。賓主兩忘，作麼生道？」久立，謝茶。

——明·慧機：《慶忠鐵壁機禪師語錄》卷四，《嘉興藏》第 29 冊，第 587 頁。

408. 未曾吃茶，話已說了，還說個甚麼

茶話，師云：「未曾吃茶，話已說了，還說個甚麼？」

僧舉果云：「這個響？」

師云：「椿杼不辨，葫瓠同溝。」

僧云：「再請開示。」

師云：「小雖一般，大則各別。」

僧禮拜。

師云：「謝茶。」

——明・鐵眉：《鐵眉三巴掌禪師語錄》卷一，《嘉興藏》第 29 冊，第 680 頁。

409. 打底是佛是祖

除夕茶話：「去年有個三十日，今年有個三十日，明年有個三十日，且道喚作甚麼？老僧喚作過去現在未來。若有個阿師出來云：『過去未來即不問，請和尚道個現在底？』老僧即與三掌云：『這一掌是佛陀，這一掌是達磨，這一掌是僧伽那。』阿師無對。佛陀達磨僧伽，明朝元旦各下一語來，你看佛也空空無，說祖也嘿嘿無。別僧也忘言，兩眼紅似血，衲僧又作麼生？老僧生得粗魯，那管初一十五，問來舉起巴掌，打底是佛是祖？」

——明・鐵眉：《鐵眉三巴掌禪師語錄》卷一，《嘉興藏》第 29 冊，第 680 頁。

410. 畢竟喚作甚麼

茶話，舉杯云：「若喚作茶，欺三世佛祖，不喚作茶，背趙州公案。畢竟喚作甚麼？」放杯，撫掌三下。

——清・嵩：《耳庵嵩禪師語錄》卷一，《嘉興藏》第 29 冊，第 685 頁。

411. 雖有，那能當頓

師與靈嚴茶次，師拈一莖蕨云：「上方還有這個麼？」

嚴云：「有。」

師云：「雖有，那能當頓？」

嚴云：「作麼生吃？」

師云：「忙時百匝碎，閒時囫圇吞。」

嚴云：「九九八十一。」

師呵呵大笑。

一僧看空空偈，師云：「這些空空，那個是真？」

僧云：「俱不是。」

師云：「看他作麼？」

僧無語。

旁僧舉手，師打云：「桑樹著箭，柳樹出漿。」

——清·嵩：《耳庵嵩禪師語錄》卷一，《嘉興藏》第 29 冊，第 685 頁。

412. 如何是未開口時消息

茶話，僧問：「如何是未開口時消息？」

師云：「雲從風裏亂。」

進云：「末後句如何？」

師云：「再問即不堪。」

僧喝。

師云：「一聲花鼓動，正是滿園春。」

復以拄杖畫○相云：「佛真法身，猶若虛空，應物現形，如水中月，還有具眼底麼？不離當處常湛然，覓即知君不可見。」

——清·嵩：《耳庵嵩禪師語錄》卷一，《嘉興藏》第 29 冊，第 685 頁。

413. 一瓢冷水忽有省

京口雨華堅明願禪師，西蜀開縣趙氏子。披剃後，上萬峰完具，璧令參萬法歸一話。一日打茶，方掀鍋蓋，被茶頭一瓢冷水。師忽有省。璧聞，令首座入堂勘驗。座問曰：「垂絲千尺，意在深潭。離鉤三寸，子何不道？」師曰：「不飲從他酒價高。」座曰：「上堂不妨吃我一杯。」師曰：「人天首座，何得出言如醉。」座語稍遲。師掌曰：「一總付與首座。」座笑曰：「作家禪客。」

後謁天寧恒，問：「臨濟被黃檗三頓棒，如土上加泥。未審又悟個甚麼？」恒曰：「莫眼花。」師擬議。恒打曰：「果然土上加泥。」師於言下頓徹法源。

示眾：「一塵飛而翳天，逼塞虛空。一芥墜而覆地，遍界難藏。打鼓普請，貴圖有眼者見，有耳者聞。汝諸人，既是聞見分明。且道一塵一芥畢竟落在甚麼處？」眾無語。師喝一喝曰：「切忌鑽龜打瓦。」

問：「我手何似佛手？」師曰：「自家辨驗。」曰：「我腳何似驢腳？」師曰：「切忌亂走。」曰：「人人有個生緣，某甲生緣在甚麼處？」師曰：「二時粥飯，未曾欠少。」僧一喝。師曰：「亂叫作麼？」僧無語。師曰：「想是行堂的，少與他一碗。」

問：「德山棒，臨濟喝，這兩個漢，那個親切？」師曰：「俱不親切。」曰：「畢竟如何親切？」師曰：「夜來床簟暖，一覺到天明。」

康熙丁巳十月三日疾革，說偈辭眾而逝。塔全身於八公洞之西麓。

——清·超永：《五燈全書》卷第一百〇三，《卍續藏》第 82 冊，第 621 頁。

414. 且道酒話與茶話是同是別

茶話，師云：「世諦中吃了酒說酒話，林下人吃茶說茶話。且道酒話與茶話是同是別？各下一轉語看？」

眾無對。

師云：「啼得血流無用處，不如緘口過殘春。」

——清·佛：《華岩還初佛禪師語錄》卷一，《嘉興藏》第 37 冊，第 658 頁。

415. 這是祭鬼神底什物

普請茶次，師才坐下，便豎拂子云：「即此用兮沒滋味，草裏大蟲打瞌睡。拂子輕輕擊著伊，惺起威猛無敵隊。顧視左右弄爪牙，一摸虛空盡粉碎。這是祭鬼神底什物？下一分在土地堂裏。」維那擊磬：「大眾吃茶。」

——清·學蘊：《知空蘊禪師語錄》卷一，《嘉興藏》第 37 冊，第 765 頁。

416. 這是古人道過底

茶話，僧出問：「圓通不開生藥鋪，單單只賣死貓頭。某甲有疑，請和尚說破。」

師云：「汝且吃茶著。」

僧云：「這是古人道過底。」

師云：「你分上作麼生？」

僧擬議，師云：「也要學亂統。」乃云：「居士特入山，殷勤請茶話，滿堂雲水僧，賴是無酬價。開口盡胡禪，東西便廝罵。卻遇明眼人，也只得一跳。好似阿家姑，全不識羞怕。巧舌縱千般，難免知音笑。大眾笑則且止，祇如今晚吃茶汝等，還知茶裏消息麼？」良久左右顧視云：「上士一決一切了，中下多聞多不信。」

遂拍香幾，便起。

——清·機瑢：《黃蓮東岩禪師語錄》卷一，《嘉興藏》第 38 冊，第 415 頁。

417. 且道跏趺作什麼

結製茶話：「應川居士結茅廬，聚集兩堂雲水徒。真我大檀添草料，人人吃了穀跏趺。」執拂子顧大眾云：「且道跏趺作什麼？飯僧功德大，粒米過須彌。」

——清・明：《幻住明禪師語錄》卷二，《嘉興藏》第 38 冊，第 990 頁。

418. 不思議，各作英雄師子兒

戒子設茶：「海眾沙彌稟戒持，丈夫出世立根基。但從實際明真理，莫弄虛頭反自欺。利鎖名韁齊掣斷，超然頓入不思議。不思議，各作英雄師子兒。」

——清・明：《幻住明禪師語錄》卷二，《嘉興藏》第 38 冊，第 990 頁。

419. 茶味如何

茶次，師問天真：「茶味如何？」

真無對。

問天岩云：「你作麼生？」

岩遂潑茶。

師云：「未在。」

岩遂出。

——清・圓法編：《介庵進禪師語錄》卷六，《嘉興藏》第 29 冊，第 344 頁。

420. 一番茶話絕疑猜

示眾云：「一番茶話絕疑猜，只為諸人眼未開。一口西江都吸盡，何須臨濟喝如雷。若也薦得，當陽拋出祖佛，從來共知覿面相逢，見聞向此不隔。一切眾生本具，千聖無以等階，赤灑灑了然直下承當，淨裸裸個裏更無回互。會得即天上人間，撥著便冰消瓦解。如其未能，曉月飛來千樹裏，山河猶隔數峰西。」

——清・如相：《敏樹禪師語錄》卷五，《嘉興藏》第 39 冊，第 488 頁。

421. 說禪禪又不知，說道道又不識

除夕茶話：「一年三百六十日，看看撞到今宵畢。說禪禪又不知，說道道又不識，只這不知不識處，乃是人人本有之根源，個個不無之消息。然而往

往有不快漆桶者，蓋謂工夫不曾徹法源底，故爾十個有五雙依舊當面錯過。何故？只為分明急返，令所得遲。幸值今宵臘月三十日到來，汝等從頭，不曾打算花甲明白，所以處處甘受熱瞞，故老僧不吝口角，偶拈一示：頻添花甲臘言周，冷淡家風得自由。懶貼桃符隨世樂，為拈竹篦示高流。漫燒榾柮酬寒夜，不效諸方宰白牛。細剪蘭蒿光燦爛，明朝又是一年頭。」

——清・如相：《敏樹禪師語錄》卷五，《嘉興藏》第 39 冊，第 488 頁。

422. 切忌裝模作樣

聖玉上座請茶話，舉昔日大慧老人住徑山，因超然居士設粥。上堂云：「超然居士設粥供養，一堂龍象吃了掛起鉢盂，好個西來榜樣。」乃云：「大慧老人榜樣，好個榜樣，未免有些做作。天寧則不然，聖玉上座設茶供養，合院龍象吃了各各歸堂，切忌裝模作樣。何以故？從來少室兒孫，不用一些伎倆。」

——清・上思：《雨山和尚語錄》卷八，《嘉興藏》第 40 冊，第 560 頁。

423. 古人說有說無，俱成話墮

元旦茶話：「新年頭佛法，古人說有說無，俱成話墮。天寧則不然，或有人問『如何是新年頭佛法』，只向他道『仍舊去』。云：『既是新年頭佛法，因甚道仍舊去？須知遠煙浪，別有好商量。』」

——清・上思：《雨山和尚語錄》卷八，《嘉興藏》第 40 冊，第 560 頁。

424. 是你，且去

因志超上座往建州教化茶，問：「乞和尚慈悲，提撕心地法門。」

師云：「是你，不可教我更提撕也。」

超云：「乞和尚直道，志超不是愚癡人，實不會。」

師云：「且去建州，回來向你道。」

超云：「時不待人，乞和尚道。」

師云：「我今直向你道，我者裏三棒打汝愚癡。還會麼？」

超云：「不會。」

師云：「是你，且去。」

師乃說向眾僧云：「超闍梨去建州乞茶，問我示入心地法門。我向伊道：『者裏有三棒打愚癡』。你諸人且作麼生會？」

道本云：「喚什麼作愚癡？」

師云：「不是者個道理。」

中塔云：「自愚癡。」

師云：「不是此個道理。」

地藏云：「和尚愚癡教什麼人打？」

遂有頌呈和尚：「三棒愚癡不思議，浩浩溶溶自打之。行來目前明明道，七顛八倒是你機。」

問：「四威儀外，如何奉王？」

云：「你是王法中罪人，爭合問事？」

頌曰：「隱顯行來四威儀，罪人是你也要知。圓通法法皆如是，應聲應色不思議。」

——唐·智嚴：《玄沙師備禪師廣錄》卷二，《卍續藏》第 73 冊，第 13 頁。

425. 向後錯舉即不可

舉溈山吃茶次。仰山侍立，乃問：「和尚百年後，人問先師法道。如何傳嗣？」

溈山云：「一粥一飯。」

仰山云：「前人不肯又作麼生？」

溈云：「作家師僧。」

仰禮拜。

溈云：「向後錯舉即不可。」

佛鑒拈云：「溈山嚴而不威，仰山恭而無禮。」遂豎起拄杖云：「溈山當時，若知有者個家風，兒孫亦未見斷絕。」

正覺云：「作麼是恭而無禮？不然父有爭子。」

佛海云：「溈山吃一盞茶，也被仰山撼動一上。猶幸老而不耄，壯力尚存。不行棒喝，而有過於德山臨濟之用。若撿點得出，作家師僧。」

——宋·祖慶：《拈八方珠玉集》卷一，《卍續藏》第 67 冊，第 635 頁。

426. 氣急殺人

舉察和尚問僧：「甚處來？」

僧云：「五臺來。」

察云：「還見文殊麼？」

僧展手。

察云：「展手頗多，文殊誰睹？」

僧云：「氣急殺人。」

察云：「不睹雲中雁，焉知沙塞寒。」

僧云：「遠趨丈寄，乞師一言。」

察云：「孫臏門下，徒話鑽龜。」

僧云：「名不浪施。」

察云：「吃茶去。」

僧便珍重。

察云：「雖則一場榮，剒卻一雙足。」

佛果拈云：「一出一沒，一往一來。諸人還透得麼？若透得，更不用周由者也。若透未得，山僧不惜眉毛，為諸人判去也。前段同安逼這僧，值得盛水不漏。後段這僧逼同安，值得不留涓滴。若透得，許你會衲僧巴鼻。」

正覺云：「這僧困急地，被人問著，膽喪魂飛。末後得一盞茶，未曾沾口。茶在什麼處？更剒一雙足。要會麼？在舍只言為客易，臨筌萬覺取魚難。」

佛海云：「李八叔，王小君，三叉路口忽逢迎。一交來了一交去，見面勝聞名，不知那個是輸贏！」

——宋·祖慶：《拈八方珠玉集》卷一，《卍續藏》第 67 冊，第 676 頁。

427. 森羅萬象盡在里許

峰辭，師送出門，召曰：「道者。」

峰回首應。

師曰：「途中善為。」

趙州和尚出桐城，路見師，乃問云：「莫是投子庵主麼？」

師云：「茶鹽錢布施我。」

趙州先歸庵內坐，師後攜一瓶油歸。趙州云：「久向投子，到來只見個賣油翁。」

師云：「汝只識賣油翁，不識投子。」

趙州云：「如何是投子？」

師拈起油瓶云：「油，油。」

問：「出門不見佛時如何？」

師云：「佛咻。」

奚山刈草次，師送一盞茶與奚山云：「森羅萬象盡在里許。」

奚山接得茶潑卻，云：「森羅萬象在什麼處？」

師云：「可惜一盞茶。」

問：「大作業底人來，師如何接？」

師云：「你有什麼蓋覆處？」

學云：「正與麼時合作麼生？」

師云：「不合一切，不共一切。」

問：「如何是露刃劍？」

師云：「殺一切人，活一切人。」

學云：「忽遇師來，又作麼生？」

師云：「鈍屢生。」

問：「如何是入室則爺娘？」

師云：「無所生。」

問：「如何是徑截一路？」

師云：「無迂曲。」

——宋·賾藏：《古尊宿語錄》卷三十六，《卍續藏》第 68 冊，第 234 頁。

又，《宗門統要正續集》載：

池州秸山章禪師在投子作柴頭，投子一日送茶與師，乃云：「森羅萬象總在里許。」師遂潑卻茶云：「森羅萬象在什麼處？」子云：「可惜一碗茶。」

續明招謙云：「秸山未潑茶前合下得什麼語？免他道可惜一碗茶。」

——宋·宗永：《宗門統要正續集》卷十五，《永樂北藏》第 155 冊，第 72 頁。

又，《變雲機禪師國清無畏堂語錄》載：

舉池州稽山章禪師在投子作柴頭，投子一日送茶與章，乃云：「森羅萬象

總在里許。」章遂潑卻云:「森羅萬象在什麼處?」子云:「可惜一碗茶。」師云:「好一碗茶,不合互添鹽醬。」卓拄杖云:「如今還有知滋味者麼?正好將來喂驢喂馬。」

    ——清·濟璣:《燮雲璣禪師國清無畏堂語錄》,《嘉興藏》第 34 冊,第 362 頁。

428. 恁麼說話,笑破人口

問:「如何是平常道?」

師〔註8〕云:「和尚合掌,道士擎拳。」

問:「如何是無位真人?」

師云:「渠無面目。」

問:「十二時中如何趣向?」

師云:「著衣吃飯。」

僧曰:「別還有事也無?」

師云:「有。」

僧曰:「如何則是?」

師云:「齋餘更請一甌茶。」

上堂云:「為體也,鏡淨水澄。為用也,光生滿目。十二時中有何妨礙?恁麼說話,笑破人口。」

    ——宋·惟白:《建中靖國續燈錄》卷十,《卍續藏》第 78 冊,第 705 頁。

429. 熨斗煎茶銚不同

上堂:「尊貴重重古殿封,時聞闥外奏旋功。野僧未識承誰力,睡覺窗前日已紅。今非昔,復匆匆。熨斗煎茶銚不同,拈起簸箕別處春。相逢謾話朝堂事,更嫌身在此山中。」

    ——明·弘瀚:《博山粟如瀚禪師語錄》卷二,《嘉興藏》第 40 冊,第 455 頁。

430. 我這裡一味禪,因什麼不學

歸宗因,小師辭次。宗云:「向什麼處去?」

〔註 8〕泉州棲隱有評禪師。

僧云：「諸方學五味禪去。」

宗云：「我這裡一味禪，因什麼不學？」

僧云：「如何是和尚一味禪？」

宗便打。

僧云：「我會也，我會也。」

宗云：「道來看。」

僧擬開口，宗又打。

（虛堂云：）「是則是，劍刃上事，要且盡法無民。徑山令行一半，曲為今時。若依而行之，則非惟法堂前草深一丈，正恐無人看天澤庵。」

——宋·妙源編：《虛堂和尚語錄》卷九，《大正藏》第 47 冊，第 1050 頁。

431. 你因甚摘葉尋枝

興化龍珠森鑒徹禪師，粵東潮州徐氏子，薙染後，投顒愚衡受具。命參天童，一見便問：「那裡人？」師曰：「廣東。」悟曰：「過了梅嶺就是廣東。」師曰：「和尚到過麼？」悟曰：「我三十歲出家，那有工夫閒走？」師聞，悚然有會。

走參寶華忍，問：「薰風自南來，殿閣生微涼。你作麼生會？」師曰：「快活殺人。」忍曰：「庭前柏樹子聻？」師曰：「自來不眼花。」忍拈拄杖，一卓曰：「會麼？」師曰：「不會。」忍打曰：「快活殺人。」

後依忞於廣潤，一日忞問：「渾身是口的人，因甚道不出爺姓氏？」師曰：「從來孝子諱爺名。」

一日摘茶次，忞曰：「直截根源佛所印，你因甚摘葉尋枝？」師即高聲曰：「觀世音菩薩來也。」忞頷之。

結枯木期上堂：「雪山六載安禪，少林九年面壁。龍珠以千日為期，只要古今合式。所以道，三年不鳴，鳴則驚人；三年不飛，飛則衝天。衝天須得衝天志，驚人須要驚人句。有驚人句，虛空粉碎；有衝天志，大地平沉。大地平沉時，凡聖路絕。虛空粉碎時，元妙兩忘。到者裏有座鐵圍，須要諸人自著力，撞得破是好手。」普視大眾，良久曰：「單刀直入處，莫要記功勞。」

上堂：「拈三元戈甲，列五位旗鎗。布萬法不迷之大陣，開無功成功之大路，直取無等等之妙位，須要識中軍主將。姓甚名誰？速道速道。」

僧參，師問：「那裡來？」曰：「報恩。」師曰：「報恩眉毛有幾莖？」曰：「與和尚一樣。」師曰：「汝道山僧眉毛有幾莖？」僧無語。

——清·超永：《五燈全書》卷七十三，《卍續藏》第 82 冊，第 367 頁。

432. 茶叢列作鼻孔，茶葉是你眼睛，作麼生摘

或云：「善來文殊，還知敗闕麼？」代云：「一箭兩垛。」又云：「一箭兩垛，為甚麼卻敗闕？」代云：「善來文殊。」或云：「上來則擾擾，端坐則昏昏。脫灑一句作麼生道？」代云：「春無三日晴。」又云：「春無三日晴，去住還堪笑，衲僧曬卻何時了？」代云：「某甲看。」或云：「文殊起佛見法見，貶向二鐵圍山。衲僧起佛見法見，列在三條椽下。翠峰起佛見法見，誰敢覷著？」代云：「秤尺在手。」或云：「洞庭湖水一吸淨盡，魚鱉向甚麼處藏身？」代云：「咦。」又問摘茶僧云：「茶叢列作鼻孔，茶葉是你眼睛。作麼生摘？」代云：「今日不著便。」

——明·瞿汝稷：《指月錄》卷二十三，《卍續藏》第 83 冊，第 653 頁。

433. 此時摘茶園裏，大有人喪身失命

舉溈山祐禪師，普請摘茶次，謂仰山曰：「終日摘茶，只聞子聲，不見子形。何不現形相見？」仰山撼茶樹。師云：「子只得用，不得體。」仰山云：「未審和尚如何？」師良久。仰山云：「和尚即得體，不得用。」師云：「放子三十棒。」

玄覺云：「且道，過在什麼處？」

拈云：「與子千金，不如教子一藝。是知欲行天下路，無過一藝精。溈山父子，體用雙影，悲智同運。此時摘茶園裏，大有人喪身失命。玄覺也不免隨佗，草裏走不住。」

——明·印肅：《普庵印肅禪師語錄》卷三，《卍續藏》第 69 冊，第 441 頁。

434. 住山人貪心亦不除，栽許多茶作麼

主楞嚴法席，衡先京南來，習靜天台華頂。峰師次年亦南行，止靜雙徑凌霄峰下。衡出天台，直造徑山訪師。師見大喜，喜其必同住也。

是時茶熟，與師同摘茶次，衡曰：「住山人貪心亦不除，栽許多茶作麼？」師曰：「你也得吃。」衡曰：「我祇好吃現成的。」師震聲一呵。衡曰：「幸汝不是我般人。」

一日，上山取柴，催師：「你先行，我後來。」少頃衡私杖笠而行。師在山上遙見是衡，作出山步履，手指高聲大罵。衡竟不顧，惜此一別乃終身別也。

——明·觀衡：《紫竹林顯愚衡和尚語錄》卷十二，《嘉興藏》第 28 冊，第 725 頁。

435. 這個猶是假道場

一日，師與客僧吃茶次，曰：「某甲住底是個小道場，莫好供養，送和尚反來叨擾。」

李居士曰：「道場無小大，須要識得真道場始得。」

僧無語。

師問：「李居士，如何是你底真道場？」

士便拈箸豎起。師曰：「這個猶是假道場。如何是真道場？」

士曰：「弟子到這裡不敢妄通消息。」

師曰：「大似持缽不得，詐道不饑。」

——清·德楷：《山西柏山楷禪師語錄》卷四，《嘉興藏》第 39 冊，第 853 頁。

436. 不管他吃茶不吃茶，只要伊單刀直入

除夕天寒作九，歲殘須守。舉杯拈果，大家知有。大眾且道，有個甚麼者裏薦得？不妨拈尾作頭，向三條椽下，七尺單前，擦褲磨裙，忘餐廢寢。然祇個事，不在動用中，亦非眉睫上。所以趙州，凡見僧參便問曾到此間麼。僧云曾到，州云吃茶去。或云不曾到，亦云吃茶去。院主問和尚，為甚曾到不曾到俱教吃茶去。州呼院主，主應諾，州云吃茶去。趙州主張個事，與衲僧平貼商量。院主不識好惡，至遭一杓臭水。普明者裏，不管他吃茶不吃茶，只要伊單刀直入。

一僧便出，師喝一喝，曳拄杖下座。

——清·真在：《徑石滴乳集》卷四，《卍續藏》第 67 冊，第 544 頁。

437. 不得作佛法會，你作麼生會

師下堂，茶罷，乃喚行茶僧，僧近前，師覆卻茶鍾。僧禮拜，師曰：「不得作佛法會，你作麼生會？」僧茫然。師曰：「卻是山僧罪過。」

——清·德楷：《山西柏山楷禪師語錄》卷四，《嘉興藏》第 39 冊，第 855 頁。

438. 且道茶與話是一是二

因事茶話，師云：「古人設茶因敘話，磬山因話而設茶。茶話分明已舉似，諸人切莫得周遮。雖然，且道茶與話是一是二？若道是一，諸人但得茶不得話。若道是二，老僧但得話不得茶。諸人試道看，如何得恰好？」

眾無語。

師舉茶甌云：「且吃茶，漫漫與你們打葛藤。」

——明·圓修：《天隱和尚語錄》卷三，《嘉興藏》第 25 冊，第 529 頁。

439. 今日為什麼人點茶

師一日，因僧點茶。問云：「今日為什麼人點茶？」

僧云：「特為和尚。」

師云：「恰值老僧不在。」

僧便行茶，師卻縮手。僧擬議。師撲破盞子，便歸方丈。

——元·祖光：《楚石梵琦禪師語錄》卷八，《卍續藏》第 71 冊，第 586 頁。

440. 山僧者裏無閒茶剩飯

舉趙州，上堂云：「兄弟但改往修來，若不改往修來，大有著你處在。老僧在此三十餘年，未嘗有一個禪師到此間。設有來一宿一食急走過，且趁軟暖處去也。」師云：「山僧在此開山數年來，未嘗有一個沒禪的到此間。設有一個半個，便與明窗下安排。山僧者裏無閒茶剩飯，兄弟你不改往修來，無有著你處在，入此門來切須仔細。」

——明·琇：《天隱修禪師語錄》卷十，《乾隆藏》第 154 冊，第 237 頁。

441. 摘葉尋枝我不能

普請摘茶次，師垂問云：「直截根源佛所印，摘葉尋枝我不能。古人既有明訓，諸仁因甚卻犯他忌諱？」

眾答：「不契。」

師代云：「為眾竭力。」

又云：「三峰門下。」

又云：「替和尚出一隻手。」

有僧問：「狗子因甚無佛性？」

師云：「不為分外。」

僧云：「因甚又道有？」

師云：「莫隨他舌根轉。」

又僧問：「黃檗打臨濟，三頓痛棒意旨如何？」

師云：「徹骨徹髓。」

僧禮拜。

師云：「念你是新戒，且放過一頓。」

——清·上思：《雨山和尚語錄》卷十三，《嘉興藏》第 40 冊，第 581 頁。

442. 向甚麼處安身立命

泗洲唐氏子〔註9〕，年十四投景會薙染。初歷講肆，閱《楞嚴》，至雖得多聞不成聖果，遂棄之。首參壽昌，次參博山來。來門庭嚴重，師為死心焉。一日隨眾採茶，忽白雲從澗底起，師睹之有省，歸以偈呈來。

來曰：「者且置，祇如一口氣不來，向甚麼處安身立命？」

師曰：「不向和尚通去處在。」

來曰：「莫便是你安身立命處麼？」

師曰：「道密終不作此見解。」

來曰：「好與三十痛棒，嗣是。」

來命名授戒，且印以偈。於是辭來，縛茅鬱洲山數年。始開法淮安檀度，次住安東能仁。

——清·超永：《五燈全書》卷六十三，《卍續藏》第 82 冊，第 281 頁。

〔註 9〕淮安府檀度嵩乳道密禪師。

443. 大眾俱請採茶，為甚麼不請伊去

僧問：「五蘊本空，四大非有。和尚向甚麼處鉗錘？」

師云：「四大五蘊。」

僧驀豎起拳云：「既是本來無一物，因甚卻有這個？」

師云：「這個是甚麼？」

僧一喝，師便打。

僧問：「如何是第一句？」

師云：「離相離名光似漆。」

（僧問：）「如何是第二句？」

師云：「初月影分弓陷水。」

（僧問：）「如何是第三句？」

師云：「別寶波斯入鬧市。」

僧求師話頭，師云：「你這一問從甚處來？」

僧云：「不知。」

師云：「自己問尚且不知，更乞甚麼話頭？」

普請採茶次，有僧指聖僧云：「大眾俱請採茶，為甚麼不請伊去？」

師云：「你試請看？」

僧云：「請伊弗動。」

師云：「採茶去！」

僧便行。

師云：「大好不動伊。」

僧問：「一口氣不來，向甚處安身立命？」

師便打，僧無語。師以拄杖撅云：「鈍置殺人！」

——明·行諗：《二隱諗禪師語錄》卷七，《嘉興藏》第 28 冊，第 496 頁。

444. 六安出好茶，是否

問僧：「那裡來？」

曰：「六安來。」

師曰：「六安出好茶，是否？」

曰：「是。」

師曰：「何不將出供養老僧？」

僧喝。師曰：「捨不得便休，亂叫作麼？」

曰：「錯會不少。」

師曰：「途中達摩大師向你道甚麼？」

僧擬議，師曰：「果然錯會不少。」

——清·德楷：《山西柏山楷禪師語錄》卷四，《嘉興藏》第 39 冊，第 852 頁。

445. 以吾道視之，皆綺語耳

物無大小，以適用為貴。至於適用，而通神明，越變化，有不可得而思議者，非物之至貴者乎！余觀數珠之為物，是矣。此方自白馬西馳，東林倡化，而數珠始適於用。久之厥用愈神，至於入水不濡，入火不焦，閻老不敢誰何？極樂藉為贄物，則是珠之用，世間允稱第一。求其匹休者，而不可得矣。天目海公，學博詞宏，撰述甚富，間惜此物至貴至神，而反不登於作者。乃為纂六翼，且自比於茶經荔譜焉。余曰：「不然。茶荔僅資日用之需，難超神化之域。於是而經之譜之，雖為博雅者所好，以吾道視之，皆綺語耳。今此翼之行，俾持者崇正信，脫世氛，卒之飄然遊菡萏之國，坐菩提之樹。謂非藉此膏其車而策其駿乎！」余故為之合掌，而弁其首。〔註10〕

——明·元賢說，清·道霈編錄：《永覺元賢禪師廣錄》卷十三，《卍續藏》第 72 冊，第 456 頁。

446. 此盡是光影中事物，途路上茶飯

示心涵上人：昔達摩大師初來震旦，示教外別傳之旨，猶慮此土信者不及，乃以《楞伽》四卷為證。古德云：「此經以佛語心為宗，無門為法門。」夫既無門，則無可窺伺處，無可趣向處，無可領略處，惟得出一身白汗者，自然默契。如人在空中，不作有門想，不作無門想，不作門內想，不作門外想。古人云：「折合還歸炭裏坐。」意殊深矣！若夫公案上參詳，工夫上逼拶，時時瞥然，得個入路。此盡是光影中事物，途路上茶飯，未為了當。何以故？為渠有禪可悟也。蓋公案上，許多玄妙道理，不出有能見之心，所見之理。心與理畢竟未忘，則此心非實，乃緣境之分別。此理非實，乃識變之

〔註10〕此文名為《數珠翼序》。

妄影。其視心忘境絕，洞徹法源者，奚啻天淵也？昔興陽剖將入滅，大陽勘之曰：「那事作麼生？」剖曰：「匝地紅輪秀，海底不栽花。」若到恁麼田地，庶幾稱本分衲僧也。雖然有等聞恁麼道，便云「我會也，我會也。」恐又在海面上，栽花去也。上人勉之。

——明‧元賢說，清‧道霈編錄：《永覺元賢禪師廣錄》卷九，《卍續藏》第 72 冊，第 439 頁。

447. 可憐達磨這廝十萬里程從天竺來

侍者粹盎為同事子木樾請上堂，僧出請教，師不顧，良久乃曰：「亭亭霜後竹，落落鏡中絲。俯仰乾坤小，誰堪話所悲。一眾還知古今坐曲錄木者麼？盡是無厭足貪夫。可憐達磨這廝十萬里程從天竺來，祇帶得隨身兩腳，人人盡指望受他人事開個鋪面。販茶底贊茶香，賣餅底誇餅熱，三斤麻、一疋布、竹割木屑盡情擔出，人前尋個出脫，甚至乾矢橛和兜率陀天底一秤賣卻，猶不自滿。志割空裏，春山剪意，中秋水高抬聲價，不圖你燒旃檀沉乳，作七代先靈供養，反要他提水挈漿洗甚驢腳馬腳。有個血性漢子眼不忍見耳不忍聞，寧甘打入異類，不與同中國，一去三七日杳無消息現前。大眾俱有半面之識，試為我喚轉看。」眾佇思。猛擊案曰：「缺七種相底不是？」

——清‧弘儲：《南嶽繼起和尚語錄》卷三，《嘉興大藏經》第 34 冊，第 294 頁。

448. 猶是死句在

師問冷岩：「先聖教人參活句，莫參死句。如何是活句？」

冷舉茶壺云：「這是茶壺。」

師云：「猶是死句在。」

冷擲茶壺，出方丈。〔註 11〕

——清‧達尊：《山茨際禪師語錄》卷三，《乾隆藏》第 157 冊，第 653 頁。

又，《續燈正統》錄云：

師問且庵：「先聖教人參活句，莫參死句。如何是活句？」

庵舉茶壺曰：「不可喚作茶壺。」

〔註 11〕性統《續燈正統》也錄有相似公案

師曰：「猶是死句在。」

庵擲茶壺便出。

——清·性統：《續燈正統》卷三十四，《卍續藏》第 84 冊，第 602 頁。

449. 睡醒茶熟

示徒云：「凡說法，務胸中流出。先有眼目，而後發之宗旨，則縱放自如，不落常套。若就事說理，承言接語，一有留滯，雖甚工巧，終屬死格。昔人論易曰：『易簡而天下之理得。』又曰：『不易乎世。』又曰：『變動不居，周流六虛。惟變所適，至簡故易。不易故深，變易故神。』咄咄窗敲竹，睡醒茶熟，天水鸚鵡綠。」

——清·心圓編：《揝黑豆集》卷八，《卍續藏》第 85 冊，第 364 頁。

450. 滿甌啜了，便道好水好茶

上堂，僧問：「名假法假，人空法空。請師直指。」

師云：「曾問幾人來？」

進云：「無根樹子，向什麼處栽？」

師云：「更深猶自可，午後更愁人。」

進云：「只在目前，為什麼再三不睹？」

師云：「千年常住一朝僧。」

乃云：「竹山無可款待來賓，只有木井水槎塘茶。且喜人人舌頭具眼，滿甌啜了，便道好水好茶。」

良久：「勞生萬事正如麻。」擊拂子下座。

——元·宗義：《了堂惟一禪師語錄》卷一，《卍續藏》第 71 冊，第 452 頁。

451. 三腳蝦蟆跳上天

師在河東，為唐明嵩和尚持書上楊內翰諱億。才展門狀，便請相見。坐次，內翰問：「對面不相識，千里卻同風。」師云：「某甲奉院門請。」內翰云：「真個謾語。」師云：「前月離唐明。」內翰云：「適來悔伸一問。」師云：「作者。」內翰便喝。師云：「恰是。」內翰又喝。師以手面前畫一畫。內翰吐舌云：「龍象。」師云：「是何言歟？」

內翰喚客司點好茶：「元來是自家人。」師云：「也不消得。」茶罷，內翰又問：「如何是圓上座為人底句？」師云：「切。」內翰云：「與麼則長裙新婦拖泥走。」師云：「誰得似內翰？」內翰云：「作家作家。」師云：「放你二十棒。」內翰拍膝云：「者裏是什麼所在？」師拍手云：「也不得放過。」內翰呵呵大笑。

又問：「專使還記得唐明和尚當初悟底因緣麼？」師云：「也曾見和尚舉來。」內翰云：「請不吝慈悲。」師遂云：「見和尚舉，有僧問念和尚：『如何是佛法大意？』念和尚云：『楚王城畔，汝水東流。』」內翰云：「只如楚王城畔汝水東流，意旨如何？」師：「水上掛燈球。」內翰云：「與麼則辜負古人去也。」師云：「內翰疑則別參。」內翰云：「三腳蝦蟆跳上天。」師云：「一任蹧跳。」內翰乃大笑。

——宋·慧南：《石霜楚圓禪師語錄》卷一，《卍續藏》第 69 冊，第 193 頁。

452. 自己亦不見時如何

師因吃藥次，問僧云：「適來胸中似有一物，且道是何之物？」

代云：「肺氣。」又云：「猶有者個在。」又云：「者個是什麼？」乃驟步而去。

師謂僧云：「開鋪席了也，東買西賣。」

僧云：「好茶。」

師云：「賤貨自收。」

師問僧：「你忽然死去時如何？」

僧無語，師呵呵大笑。

僧問：「如何是朕兆未生時事？」

師云：「你何不早問？」

師一日謂僧云：「扶不起，設使一萬人也扶不起。」良久，云：「祇有一人扶得起。」

僧云：「未審是什麼人？」

師云：「無力者。」

師問僧：「燈籠什麼處得來？」

代云：「驗在目前。」

問僧：「忽遇虎狼刀劍時如何？」

代云：「是虎狼刀劍。」

問僧：「子已後如何？」

代云：「一似今日。」

問僧：「從緣得者，永無退失，者裏見得自己，亦是生冤家。還會麼？」

僧云：「自己亦不見時如何？」

師云：「時教阿誰敘？」

僧無語。

——宋·賾藏：《古尊宿語錄》卷三十四，《卍續藏》第 68 冊，第 225 頁。

453. 萬象之中獨露身，說甚麼撥與不撥

開堂，日中坐茶筵未起。時僧正白師云：「四眾已圍繞和尚法座了也。」

師云：「眾人卻參真善知識。」

少頃升堂。

僧問：「大眾雲集，請師舉唱。」

師云：「大眾久立。」乃云：「眾人既盡在此，山僧不可無言，與大眾舉一古人方便。珍重！」

便下座。

子方上座自長慶來，師舉長慶棱和尚偈問云：「作麼生是萬象之中獨露身？」

子方舉拂子。師云：「恁麼會又爭得？」

云：「和尚尊意如何？」

師云：「喚什麼作萬象？」

云：「古人不撥萬象。」

師云：「萬象之中獨露身，說甚麼撥不撥。」

子方豁然悟解，述偈投誠。

自是諸方會下，有存知解者，翕然而至。始則行行如也，師微以激發，皆漸而服膺。海參之眾，常不減千計。

——明·郭凝之輯：《金陵清涼院文益禪師語錄》，《大正藏》第 47 冊，第 588 頁。

454. 謗大般若，誠難懺悔

師久參長慶棱，後卻繼嗣地藏。長慶會下，有子昭首座，平昔與師商確古今言句。昭才聞，心中憤憤。一日特領眾詣撫州，責問於師。

師得知，遂舉眾出迎，特加禮待。賓主位上，各掛拂子一枝。

茶次，昭忽變色抗聲問云：「長老開堂，的嗣何人？」

師云：「地藏。」

昭云：「何太孤長慶先師？某甲同在會下，數十餘載，商量古今。曾無間隔，因何卻嗣地藏？」

師云：「某甲不會長慶一轉因緣。」

昭云：「何不問來？」

師云：「長慶道『萬象之中獨露身』意作麼生？」

昭豎起拂子。

師便叱云：「首座，此是當年學得底，別作麼生？」

昭無語。

師云：「只如萬象之中獨露身。是撥萬象？不撥萬象？」

昭云：「不撥。」

師云：「兩個也。」

於時參隨一眾連聲道：「撥萬象。」

師云：「萬象之中獨露身聻？」

昭與一眾，懍懍而退。

師指住云：「首座，殺父殺母，猶通懺悔。謗大般若，誠難懺悔。」

昭竟無對。自此卻參師，發明已見，更不開堂。

——明·郭凝之輯：《金陵清涼院文益禪師語錄》，《大正藏》第 47 冊，第 594 頁。

455. 請和尚下一語，方敢吃茶

越之塗山人，曾為蜀倅，一日隨制臺眾官訪昭覺醉。設果桌。

士曰：「請和尚下一語，方敢吃茶。」

醉曰：「今日天涼，勿勞重下注腳。」

士曰：「再轉一語。」

醉放下筯子。

一日撫琴。醉曰：「居士只操得有弦者，將無弦底請一曲。」

士曰：「請無弦調。」

醉鳴指。

士曰：「猶屬有。」

醉曰：「疑則別參。」

因見千佛名經，問：「名在者裏，不知法身居何國土？」

醉喚：「胡公。」

士應諾。

醉曰：「會麼？」

士禮拜了，歸位而立。

醉舉三聖再犯不容公案驗之，士即頌曰：「殺盡猢猻不用尋，千層鐵壁枉勞心。招災惹禍猶渠力，何必寮房問那僧！」

醉復舉祖師心印公案，再徵之。士連作二頌曰：「春到梅花香自發，江城鐵笛吹殘臘。雪裏尋梅梅不知，春光何處堪圖畫。」又曰：「大地光明藏，風帆笑殺人。本師無一語，撒手過江城。」

遂針芥相投，醉記莂焉。

——清·超永編輯：《五燈全書》，《卍續藏》第 82 冊，第 485 頁。

456. 評唱趙州吃茶

示眾云：「雀舌初調，玉盞分時禪思健；龍團槌碎，金渠碾處睡魔降。雖然兩段不同，且喜一家無二。莫有不涉唇吻知味者麼？」

舉趙州纔見僧來便問：「曾到此間麼？（尋常語裏布槍旗）僧云：「不曾到。（料掉沒交涉）州云：「吃茶去。（承言者喪）又問僧：「曾到此間麼？（慣得其便）僧云：「曾到。（惜取草鞋好）州云：「吃茶去。（滯句者迷）」

師云：「趙州觀音院從諗禪師，未受具時便抵池陽參南泉。值泉偃息而問曰：『近離甚處？』云：『瑞像。』曰：『還見瑞像麼？』云：『不見瑞像，只見臥如來。』泉便起坐問：『汝是有主沙彌無主沙彌？』云：『有主沙彌。』曰：『那個是汝主？』師遂近前躬身曰：『仲冬嚴寒，伏惟和尚尊候萬福。』泉器之，許其入室。他日問泉曰：『如何是道？』泉曰：『平常心是道。』云：『還可趣向也無？』曰：『擬向即乖。』云：『不擬爭知是道？』曰：『道不屬知，不屬不知。知是妄覺，不知是無記。若真達不疑之道，猶如太虛廓然蕩豁。

豈可強是非邪？」師於言下悟理。僧問雲居膺禪師：『羚羊掛角時如何？』曰：『六六三十六。』云：『掛角後如何？』曰：『六六三十六。』僧禮拜。曰：『會麼？』云：『不會。』曰：『不見道無蹤跡。』其僧舉似趙州，州曰：『雲居師兄猶在。』僧便問：『羚羊掛角時如何？』州曰：『九九八十一。』云：『掛角後如何？』曰：『九九八十一。』云：『得恁麼難會！』曰：『有甚麼難會？』云：『請和尚指示。』曰：『新羅新羅。』」

林泉道：「未眨眼時遭八百，擬開口處隔三千。趙州指示分明處，方信雲居有妙傳。更看投子將何特為，用甚煎點。頌曰：『見僧便問曾到否（仁義道中當合如是），有言曾到不曾來（執結是實）。留坐吃茶珍重去（好看千里客，萬里要傳名），青煙暗換綠紋苔（惜得自己眉毛，穿過那僧鼻孔）。』」

師云：「趙州古佛於人我山前、凡夫地上、平田淺草內指條活路，徑直截要，似更強如長安大道。若言曾到，三千里外且喜沒交涉，更買草鞋行腳始得。若言不曾到，顢頇佛性儱侗真如，兀兀騰騰虛淹歲月。折莫你左趄右閃側覷傍觀，終是出他圈圓不得。謝他看客兩停，不論親疏一般管待。雖破龍團鳳餅，恐逢跛鱉盲龜。他既口苦心甜，你莫外好裏弱。本無委曲若迷嶂之青煙，不有蒙茸似幽庭之綠蘚。只如暗彰文采互換偏圓一句，又作麼生？待吃茶了即向汝道。」

——宋．性一集：《林泉老人評唱投子青和尚頌古空谷集》卷二，《卍續藏》第 67 冊，第 280 頁。

457. 明眼人難瞞

師在池州景德為首座，時太守曾學士入院相訪。茶果次，學士拈個棗子拋在地上，召師：「首座。」

師應諾。

士云：「古人道：『不離當處常湛然。』在那裡？」

師指景德長老云：「只者老子也不知落處。」

士云：「首座知也不得無過。」

師云：「明眼人難瞞。」

——宋．惟蓋竺編：《明覺禪師語錄》，《大正藏》第 47 冊，第 677 頁。

458. 粗行沙門

師劃草次，有講僧來參。忽有一蛇過師，以鋤斷之。僧云：「久響歸宗元來是個粗行沙門。」

師云：「坐主歸茶堂內吃茶去。」

雲岩來參，師作挽弓勢，岩良久作拔劍勢。師云：「來太遲生。」

有僧辭去，師喚近前來，吾為汝說佛法。僧近前，師云：「汝諸人盡有事在，汝異時卻來遮裏無人識汝，時寒途中善為去。」

師上堂云：「吾今欲說禪，諸子總近前。」

大眾進前，師云：「汝聽觀音行，善應諸方所。」

僧問：「如何是觀音行？」

師乃彈指云：「諸人還聞否？」

僧曰：「聞。」

師云：「一隊漢向遮裏覓什麼！」以棒趁出。大笑歸方丈。

僧問：「初心如何得個入處？」

師敲鼎蓋三下云：「還聞否？」

僧云：「聞。」

師云：「我何不聞？」

師又敲三下問：「還聞否？」

僧云：「不聞。」

師云：「我何以聞？」

僧無語。

師云：「觀音妙智力，能救世間苦。」

江州刺史李渤問師曰：「教中所言須彌納芥子，渤即不疑，芥子納須彌莫是妄譚否？」

師曰：「人傳使君讀萬卷書籍，還是否？」

李曰：「然。」

師曰：「摩頂至踵如椰子大，萬卷書向何處著？」

李俛首而已。李異日又問云：「大藏教明得個什麼邊事？」

師舉拳示之云：「還會麼？」

李云：「不會。」

師云：「遮個措大，拳頭也不識。」

李云請師指示。師云：「遇人即途中授與，不遇即世諦流佈。」

師以目有重瞳，遂將藥手按摩，以致目皆俱赤，世號赤眼歸宗焉。後示滅，勅諡至真禪師。

——宋·道原：《景德傳燈錄》，《大正藏》第 51 冊，第 255 頁。

459. 無端再設茶筵

復舉米胡訪王常侍，值判事次，常侍才見，舉筆示之。

胡云：「還判得虛空麼？」

侍擲筆歸宅堂。米胡致疑。次日，憑華嚴置茶設問：「米胡和尚有何言句，不得相見？」

侍云：「獅子咬人，韓獹逐塊。」

米胡聞得，出來大笑云：「我會也。」

侍云：「試道看。」

胡云：「請常侍舉。」

侍乃舉起一隻箸。

胡云：「野狐精。」

侍云：「者漢徹也。」

師云：「米胡當時才見舉筆，便入客位，管取為席上之珍。無端再設茶筵，累他華嚴，腦門著地。只如常侍道者漢徹也，那裡是他徹處？試下一轉語看。」

——宋·妙源編：《虛堂和尚語錄》卷三，《大正藏》第 47 冊，第 1007 頁。

460. 一口吞盡，作麼生

師舉古人云：「至道無難，唯嫌揀擇。這個是僧堂，這個是佛殿。那個是不揀擇？」（代云：「何必如此。」）

師或云：「全抽半抽作麼生道？」復云：「作麼生是半抽？」（代云：跳出死蝦蟇。）又云：「作麼生是全抽？」（代云：「窠山雷主山雨。」）

師或云：「爾自鈍置，第一不得錯舉。」（代云：「事不孤起。」）

一日云：「識得道得出來道看，話端道什麼？」（代云：「識罪。」）

或云：「作麼生是不再問底句？」（代云：「今年春氣早，夜來陽鳥啼。」又云：「佛殿裏裝香，三門前合掌。」）

一日云：「入夏來十一日也，還得入頭麼。作麼生道？」（代云：「來日十二。」）

師因吃茶，拈起茶盞云：「一口吞盡，作麼生？」（代云：「茶又吃卻。」）

——宋·守堅集，宗演校勘：《雲門匡真禪師廣錄》卷中，《大正藏》第47冊，第565頁。

461. 須煎一會茶始得

上堂云：「國無定亂之劍，四海晏清也。不是分外，還有梯山入貢底麼？」

因中山主為師煎茶，師問僧：「爾隨例吃茶，將何報答？」

僧云：「因風吹火。」

師不肯。自代云：「難為和尚。」

復云：「還會麼？」

僧云：「不會。」

師云：「須煎一會茶始得。」

——宋·惟蓋竺編：《明覺禪師語錄》，《大正藏》第47冊，第681頁。

462. 既吃開口茶了，不妨說說

慧空上人設開口茶，請示眾。

（象田禪師云：）「永嘉道：『了了見，無一物。亦無人，亦無佛。大千沙界海中漚，一切聖賢如電拂。』若依山僧簡點將來，大小永嘉卻似囈語。何則然既無人無物，又見個甚麼？見者又是個甚麼？象田這裡則不然，有好山，有好水，有好賓，有好主。堂裏諸師不語而語，堂外諸師語而不語，又喜執事殷勤，內外和美。但光陰迅速，一期又將畢矣。今夜慧空上人又設好茶，請禪師開口。試請出來開口看，且道象田與永嘉是同是別？」

眾默然。

師云：「既吃開口茶了，大家不妨說說。」

一僧云：「師耳聾麼？」

師云：「唔，只可堂裏講話。」

謝茶。

——明·淨癡、本致輯錄：《象田即念禪師語錄》，《嘉興藏》第27冊，第161頁。

463. 閉口茶

庚辰歲冬不語期結制小參:「江南不語期其來久矣,上承石霜置枯木堂安枯木,眾務在克期取證者也。是以貴乎操履,而不貴乎言說,然初又不妨言說。何以?蓋其人既眾,則未免見有明昧,行有淺深。故進期頭三日,必須勘驗見地,審究工夫。見處既明,路頭已正。然後特設閉口茶,以一眾志而惕勵深操。於是繼之三七排遣,要在洪波浩渺處證取也。四七站香,要在壁立萬仞處證取也。至於五七坐香,以去要在寂然不動處證取也。於四儀中如是用心,則契道忘言,故謂之不語。豈做模打樣者可同日語哉!然雖如是,眾中倘有不待修證而薦去者,不妨出來相見。」

　　——明·淨癡、本致輯錄:《象田即念禪師語錄》,《嘉興藏》第 27 冊,
　　　第 161 頁。

464. 我常欲作驢身

師浴出,僧問:「三身中,那身澡洗?」

師云:「困。」

送亡僧,歸吃茶次。

問:「亡僧遷化向什麼處去?」

師云:「風搖樹響,葉落歸根。」

學人良久。

師云:「會麼?」

云:「不會。」

師乃澆茶三滴。

問:「如何得人身去?」

師云:「我常欲作驢身。」

　　——宋·賾藏集:《古尊宿語錄》,《卍續藏》第 68 冊,第 54 頁。

465. 吃茶時不是心地印

因吃茶次,舉一宿覺云:「三身四智體中圓,八解六通心地印。」

師云:「吃茶時不是心地印。」

乃拈拄杖云:「且向者裏會取。」

師因吃茶了，拈起盞子云：「三世諸佛聽法了，盡鑽從盞子底下去也。見麼見麼？若不會，且向多年曆日裏會取。」

  ——宋·守堅集，宗演校勘：《雲門匡真禪師廣錄》卷中，《大正藏》第47冊，第556頁。

466. 勘辨吃茶

僧同安參見，問云：「砥柱聖凡關捩子，黑風吹倒意如何？」師云：「黑風吹倒意如何且止，如何是聖凡關捩子？」安進步作抱勢，師便與拓開，云：「推倒了也。」安一喝，師便掌云：「者掌又作麼生？」安乃打傍僧云：「者掌該是你吃。」師云：「捉敗了也。」安亦云：「捉敗了也。」師云：「將謂將謂。」

只端參次云：「素手見和尚。」師云：「本來無一物，說甚素手。」端云：「鼓粥飯氣作麼？」師：「汝又來吐酸。」端云：「也要和尚知。」師云：「氣息不堪。」端云：「蒼天，蒼天。」師云：「真個受屈。」

璨衲參，師問：「你是那裡人？」衲云：「興化。」師云：「壺公山為甚生在興化？」衲云：「為伊不生別處。」師云：「端的在甚處？」衲便喝。師云：「我者裏一喝不作一喝用，汝又作麼生？」衲云：「特來禮拜和尚。」師云：「請坐吃茶。」

僧參，師問：「那裡來？」僧云：「德清。」師云：「到者裏作甚麼？」僧云：「要到杭州去。」師云：「不許借路經過。」僧無語。師問：「眾既不許借路經過，者僧為甚又到者裏？」法立書記云：「官不容針，私通車馬。」師云：「露柱為甚麼懷胎？」立云：「和尚莫瞞人好。」師云：「作麼是你不瞞底？」立拂袖便行。

僧參，師問：「你從那裡來？」僧云：「曹溪。」師云：「還識六祖大師面目麼？」僧云：「不識。」師云：「近前來，向汝道。」僧近前，師云：「但向不識處會取。」僧擬議，師打一扇云：「山僧今日罪過。」

僧參，師問：「昨日禪堂前與汝相見了也，恁麼會去多少省力？」僧無語。師云：「念汝遠來，且坐吃茶。」

二僧參，問：「賓主相逢即不問，針芥相投事若何？」師豎一指云：「會麼？」僧云：「少者三拜不得，便作禮。」師云：「特地一場愁。」乃問第二位：「針芥相投你作麼生會？」僧云：「今日親禮和尚。」師云：「未禮已前又作麼生？」僧擬議，乃喝師云：「遲了八刻。」

　　僧參：「一物不將來時如何？」師云：「喚什麼作一物？」僧便喝。師云：「一物不將來又喝個甚麼？」僧無語。師打云：「切忌傷鋒犯手。」

　　僧參，自敘在五祖住五載，師征云：「莫有所得麼？」僧云：「無所得。」師云：「既無所得，莫蹉過麼？」僧云：「饑來吃飯困來眠，有甚蹉過！」師云：「你道閻羅老子來時又作麼生？」僧無語。師驀頭打一扇云：「大須仔細。」

　　僧參，師問：「仙鄉那裡？」僧云：「福建。」師云：「幾時過關來？」僧云：「兩三載矣。」師云：「仙霞嶺是甚麼人看守？」僧擬拜，師轉身云：「到即不點。」

　　僧參，師問：「撥草瞻風，只圖見性，上座性在甚處？」僧云：「有水皆含月，無山不帶雲。」師云：「此猶是尋常見解，作麼生是出格句？」僧禮拜云：「學人今日親見和尚。」師云：「你道山僧意如何？」僧喝。師云：「何曾夢見！」

　　僧參，問云：「從上諸聖與人抽釘拔楔，和尚將何為人？」師云：「教汝生不得，死不得。」僧云：「佛祖一齊來又作麼生？」師云：「都教立在腳下。」僧禮拜。師打云：「納敗不少。」

　　僧參，問云：「千里求師，只圖見性，未審性作麼生見？」師卓拄杖云：「會麼？」僧云：「即此便是麼？」師云：「汝道是個什麼？」僧佇思。師以杖撼退云：「夢裏何曾惺得來！」

　　僧參，問云：「臨濟喝，德山棒是古人為人處，未審資福將何為人？」師豎起拄杖。僧禮拜云：「同坑無異土。」師打云：「陷殺者師僧。」

　　僧參，師問：「仙鄉那裡？」僧云：「江西。」師云：「還記得未生前消息麼？」僧舉起茶鍾。師云：「者個是已生底，如何是未生底？」僧云：「和尚為甚打作兩橛？」師云：「作麼生是上座一橛底意？」僧無語。師笑云：「且請茶。」

　　僧參，師云：「仙鄉那裡？」僧云：「湖廣。」師云：「父母未生前在甚處？」僧云：「學人不會。」禪師云：「汝為甚喚作禪？」僧無語。師云：「入地獄如箭射。」

　　報恩僧參，師問：「如何是報恩得力句？」僧云：「沒有得力。」師云：「恁麼則蹉過了也。」僧云：「不蹉過。」師云：「如何是汝不蹉底？」僧無語。師云：「大好不蹉。」

　　僧參，師云：「汝來也？」僧罔措。師云：「將謂家中人，元來門外漢。」

僧參，問云：「機不離位，墮在毒海，請師一接。」師云：「且喜到者裏。」
僧側耳作聽勢。師掌云：「裝聾作啞作麼？」僧云：「大眾記取此語。」師叱
云：「他時後日叫屈去在。」

僧參，師問：「三人同行，必有一智，阿那個是智？」僧云：「今日親見和
尚。」師云：「親見山僧且止，如何是上座底智？」僧便喝。師云：「者一喝山
僧卻不會。」僧云：「某甲到者裏也不會。」師云：「山僧也不會，上座也不
會，是個甚麼意旨？」僧又喝。師云：「好與三十拄杖。」僧禮拜云：「某甲今
日小出大遇。」師云：「請坐吃茶。」

————清·行觀：《靈機觀禪師語錄》卷三，《嘉興藏》第 39 冊，第 435～
436 頁。

467. 摘茶來

因普請問僧：「甚處來？」

云：「摘茶來。」

師云：「茶園裏有玄沙見底，還見麼？」（代但指露柱云：「和尚問。」）

又問僧：「甚處來？」

云：「摘茶來。」

師云：「人摘茶茶摘人不問，儞無底籃子重多少？」（代云：「慣得其便。」）

又問僧：「甚處來？」

云：「摘茶來。」

云：「茶叢列作鼻孔，茶葉是爾眼睛。作麼生摘？」（代云：「今日不著便。」）

————宋·惟蓋竺編：《明覺禪師語錄》，《大正藏》第 47 冊，第 694 頁。

468. 大死底人卻活時如何

趙州問投子：「大死底人卻活時如何？」

投子對他道：「不許夜行，投明須到。且道是什麼時節？無孔笛撞著氍拍
板，此謂之驗主問，亦謂之心行問。」

投子趙州諸方皆美之，得逸群之辯，二老雖承嗣不同，看他機鋒相投一
船。投子一日為趙州置茶筵相待，自過蒸餅與趙州，州不管。投子令行者過
觚餅與趙州，州禮行者三拜。且道他意是如何？看他盡是向根本上，提此本
分事為人。

有僧問：「如何是道？」

答云：「道。」

（問：）「如何是佛？」

答云：「佛。」

又問：「金鎖未開時如何？」

答云：「開。」

（問：）「金雞未鳴時如何？」

答云：「無這個音響。」

（問：）「鳴後如何？」

答云：「各自知時。」

投子平生問答總如此。看趙州問大死底人卻活時如何，他便道不許夜行，投明須到。直下如擊石火，似閃電光。還他向上人始得，大死底人，都無佛法道理，玄妙得失，是非長短。到這裡只恁麼休去。

古人謂之平地上死人無數，過得荊棘林是好手，也須是透過那邊始得。雖然如是，如今人到這般田地，早是難得。或若有依倚有解會，則沒交涉。喆和尚謂之見不淨潔，五祖先師謂之命根不斷。須是大死一番，卻活始得。

——宋·圓悟克勤：《佛果圓悟禪師碧巖錄》卷五，《大正藏》第 48 冊，第 178 頁。

469. 茶已吃了，請師還茶錢

舊住大本老宿，設茶請示眾。師云：「大眾，茶多吃鍾。大本老師為此象田二十餘年辛苦，方有今日悅。」

眾云：「茶已吃了，請師還茶錢。」

師云：「更要山僧畫蛇添足麼？」

乃顧監院云：「常住有事，不妨商量商量。」

院舉三登禪師作知客，登出眾，固辭。

師云：「我有一問，如道得，許坐禪。道不得，即作知客。」

登云：「某向無舌頭。」

師云：「這般話，當不得也要山僧肯。」

乃託手云：「你更道看。」

登默然。

師遂說偈云：「托出虛空一片心，祇將此事售知音。筵中若有真相識，黃葉何妨指作金。」

復云：「大眾謝茶。」

——明・淨癡、本致輯錄：《象田即念禪師語錄》，《嘉興藏》第 27 冊，第 159 頁。

470. 者僧不是邯鄲人，為什麼學唐步

舉，鏡清問僧：「趙州吃茶去，爾作麼生會？」

僧便出去。

清云：「邯鄲學步。」

師云：「者僧不是邯鄲人，為什麼學唐步？若辯得出，與爾茶吃。」

——宋・惟蓋竺編：《明覺禪師語錄》，《大正藏》第 47 冊，第 687 頁。

471. 你的腳跟在什麼處

一婆子來參禮拜，師云：「且坐吃茶。」婆子抽身而去。師便送。婆云：「和尚為什麼隨人腳跟轉？」師云：「你的腳跟在什麼處？」婆擬議。師云：「恁麼則你還不識腳跟？」

——清・超自：《何一自禪師語錄》序，《嘉興藏》第 39 冊，第 776 頁。

472. 什麼人接盞子

師在僧堂內吃茶，問設茶僧云：「什麼處安排？」

僧指板頭云：「在這裡。」

師云：「爾更設一堂茶始得。」

無對。（代云：「近日錢難得。」又云：「小財不去大財不來。」又云：「上間下板頭。」）

問僧：「甚處來？」

僧云：「郴州。」

師云：「夏在什麼處？」

僧云：「西禪。」

師云：「說什麼法？」

僧展兩手垂兩邊。師便打。

僧云：「某甲話在。」

師卻展兩手。

無對。

師打趁出。（代云：「便出去。」）

問僧：「甚處來？」

僧云：「南華禮塔來。」

師云：「莫脫空。」

僧云：「實去來。」

師云：「五戒不持。」

無對。（代云：「彼此不出。」）

因齋次，問僧：「盂裏幾餅？餅裏幾盂？」

僧拈起餅。

師云：「問著個老婆。」

無對。（代云：「不消。」又於問處云：「大眾吃飯次。」）

師因普請，入柴寮云：「老底不用去，還有老底麼？」

僧云：「有。」

師云：「在什麼處？」

僧乃推出一僧。

師云：「這個猶是後生。」

無對。（代云：「若與麼，卻普請去始得。」）

師因吃茶了云：「什麼人接盞子？」

有僧便接。

師云：「村裏老翁拜冬至。」

無對。

——宋·守堅集，宗演校勘：《雲門匡真禪師廣錄》卷中，《大正藏》第
47 冊，第 569 頁。

473. 者是茶鍾，者是茶壺，作麼生說個無別物底道理

問眾：「盡大地是吹毛利劍，你向甚麼處存紮？」

紹云：「金不博金。」

師云：「學語之流。」

紹云：「是何言歟？」

師云：「盡大地是火坑，得何三昧不被燒卻？」

紹云：「個中無別物。」

師云：「者是茶鍾，者是茶壺，作麼生說個無別物底道理？」

紹云：「和尚，莫眼花。」

師云：「放汝三十棒。」

問眾：「既是透網金鱗，因甚麼重重點額？」

緒云：「卻是和尚鈍置某甲。」

師云：「且莫錯怪山僧。」

眾下語不契，師代云：「何不道『伯牙縱有高山調，不遇知音也是閒』？」

問眾：「不見一法是你諸人眼睛，者是蒲團，者是香版，作麼生說個不見一法底道理？」

紹云：「天上天下，唯我獨尊。」

師云：「爭奈蒲團香板何？」

紹云：「和尚莫錯認。」

師云：「如何是不錯認？」

紹云：「天上天下，唯我獨尊。」

師云：「一口吸盡西江水則且置，試將我竹篦子吞吞看。」

紹云：「和尚遞將竹篦子來。」

師云：「看你吞吐不下。」

——清·荷：《侶岩荷禪師語錄》卷四，《嘉興藏》第 39 冊，第 544 頁。

474. 總是說夢話

偶聞林中眾鳥和鳴，師云：「鴉鳴雀噪，是甚語言？」

山云：「妄想中說夢話。」

師喚侍者云：「熱茶端一甌，請象山和尚。」

山云：「又是說夢話。」

師云：「且喜老兄惺惺。」

山云：「又是說夢話。」

師云：「大不惺惺。」

山云：「又是說夢話。」

師云：「老兄真是夢漢。」

山云：「知則較些些。」

師云：「此亦夢話。」

山云：「隨人腳跟轉。」

師云：「話頭也不識。」

二師呵呵大笑而起。

——清‧如一：《即非禪師全錄》卷七，《嘉興藏》第 38 冊，第 656 頁。

475. 不是物，不是佛，不是法，你道是什麼

僧問「佛法無多子」。師指茶壺示之。

僧云：「無多子。」

師云：「不是物，不是佛，不是法，你道是什麼？」

僧云：「是茶壺。」

師便打。僧禮拜。

師云：「這個也不識。」

——清‧超自：《何一自禪師語錄》卷上，《嘉興藏》第 39 冊，第 775 頁。

476. 大眾認得這個麼

明誕、弘圓、弘智等請小參。師托起茶杯云：「大眾認得這個麼？」

一人云是茶鍾，一人云和尚請茶；明誕向前奪過，置一邊桌上。

師展兩手笑云：「山僧將什麼吃茶？」

誕疾斟一杯茶捧於師前。

師云：「謝汝殷勤。」

誕禮拜。

師云：「作禮底是？度茶底是？」

誕搖手。

師云：「小心。」

復召眾云：「此個事人人具有，個個不無，眼見耳聞，手舞足蹈，本不差別，為甚知底知不知底不知？你們看他明誕，不異轉天開換地軸底手段，勝[註12]是快便。既為生死修行，莫作兒戲會。必須個個如是，始得山僧不是

〔註12〕疑為「甚」。

壓良為賤。正謂理無曲斷，是即是，切莫作佛法商量。若作佛法商量，入地獄如箭。」

　　——清・道樂：《華嚴不厭樂禪師語錄》卷二，《嘉興藏》第 38 冊，第545 頁。

477. 萬物盡生芽，未審道芽還增長也無

　　初住龍舒四面，後詔居長蘆法云為鼻祖。神宗皇帝上仙，宣就神御前說法，賜圓通號。

　　僧問：「不離生死而得涅槃，不出魔界而入佛界，此理如何？」

　　師曰：「赤土茶牛奶。」

　　曰：「謝師答話。」

　　師曰：「你話頭道甚麼？」

　　僧擬議，師便喝。

　　問：「陽春二三月，萬物盡生芽，未審道芽還增長也無？」

　　師曰：「自家看取。」

　　曰：「莫便是指示處麼？」

　　師曰：「芭蕉高多少？」

　　曰：「野火燒不盡，春風吹又生。」

　　師曰：「這個是白公底，你底作麼生？」

　　曰：「且待別時。」

　　師曰：「看你道不出。」

　　——明・通容：《五燈嚴統》卷十六，《卍續藏》第 81 冊，第 140 頁。

478. 何妨再吃杯

　　僧禮罷，師云：「吃茶去。」

　　僧云：「口不乾。」徑去。

　　師云：「擔板漢。」

　　一僧方丈門過，師招手云：「吃茶去。」

　　僧云：「吃了茶。」

　　師云：「何妨再吃杯。」

　　僧作惡勢。

師云：「你昨夜睡寒了？」

僧仰空一唾。

師喚行者：「將苕帚糞箕來。」

僧罔措。

師云：「拽出病僧去。」

——清·拙：《磐山牧亭樸夫拙禪師語錄》卷五，《嘉興藏》第 40 冊，第
　　513 頁。

479. 無故惑亂師僧

處州廣利容禪師（又曰貞溪），因僧到，師乃豎拂子云：「貞溪老漢還具
眼麼？」

僧云：「某甲不敢見人過。」

師云：「老僧死在闍黎手裏。」

僧以手指胸便出去。

師云：「闍黎，參見先師來。」

至晚，請吃茶了，僧拈起盞子云：「這個是諸佛出世邊事？作麼生是未出
世邊事？」

師以手撥卻盞云到：「闍黎死在老僧手裏。」

僧云：「五里牌在郭門外。」

師云：「無故惑亂師僧。」

僧遂起，謝茶。師云：「特謝闍黎相訪。」

——宋·宗永：《宗門統要正續集》卷十五，《永樂北藏》第 155 冊，第
　　69 頁。

480. 除卻語言文字，別道一句

李大參鹿泉，問：「日常如何用功？」

師曰：「饑時索飯，冷便添衣。」

泉曰：「此外別何所作？」

師曰：「兔角杖挑潭底月，龜毛繩縛樹頭風。」

泉曰：「除卻語言文字，別道一句。」

師以扇敲爐云：「這破香爐隨老僧多年在。」

泉休去，次日復至，曰：「今日我在兜率宮來。」

師曰：「兜率且置，今日彌勒說甚麼法？」

泉托起茶甌曰：「只是這個。」

師亦休去。

——明·道濟：《天寧法舟濟禪師剩語》之酬問，《嘉興藏》第 40 冊，第
　　476 頁。

481. 不如且休，自由自在堂中喫茶

上堂，僧問「劫火威音前，別有一壺天。御樓看射獵，不是刘茅田」。乃
提起坐具云：「未審者個喚作什麼？」

師云：「正見刘茅田。」

僧便喝。

師云：「猶作主在。」

師復云：「祇宜說一句，有人會得去，猶較些子。或若無人會得，山僧卻
成妄語。思量了，不如且休，各自大家堂中喫茶，自由自在，免見他時異日被
人覷破。何也？將軍自有嘉聲在，不得封侯也是閑，喫茶去。」下座。

——宋·賾藏：《古尊宿語錄》卷二十八，《國家圖書館善本佛典》第 48
　　冊，第 31 頁。

482. 者個是物，作麼生格

孝廉君謨周居士於慈雲寺陪師茶次，語及格物，師遽拈一茶果云：「者個
是物，作麼生格？」

士云：「放下著。」

師云：「又撥過一邊。」

士云：「者老漢又將謂別有。」

師云：「如何是你不別有底意？」

士驀豎一拳。

師云：「不得喚作拳頭，又作麼生？」

士擬議，師與一掌。士直下釋然。

——明·通容：《費隱禪師語錄》卷十二，《嘉興藏》第 26 冊，第 168 頁。

483. 師只舉圓果

組綏沈居士同師茶次，問：「如何是未生前面目？」

師舉起圓果。

（問：）「如何是已生後面目？」

師舉起圓果。

（問：）「如何是生與未生時面目？」

師舉起圓果。

士發笑。

師云：「且莫詐明頭。」

——清·燈來：《三山來禪師語錄》卷十六，《嘉興藏》第 29 冊，第 756 頁。

484. 僧打破茶罐便行

師在火爐頭問僧曰：「前面一團猛火，後有無底深坑，左是銀山，右是鐵壁，作麼生出得？」

僧曰：「他家自有通霄路。」

師曰：「且喜沒交涉。」

僧曰：「官不容針，私通車馬。」

師曰：「轉見不堪。」

僧打破茶罐便行。

師曰：「更是好笑。」

僧舉前語問。

師曰：「我將謂你是個伶俐衲僧。」

僧乃作禮。

——清·智祥：《頻吉祥禪師語錄》卷十一，《嘉興藏》第 39 冊，第 651 頁。

485. 不觸不背喚作甚麼

師茶次，舉杯問高匯旂夫人云：「不觸不背喚作甚麼？」

云：「自古重陽九月九。」

師云：「放汝三十棒。」

——清·澈（尼）：《季總澈禪師語錄》卷二，《嘉興藏》第 28 冊，第 450 頁。

486. 我口乾，且去打茶來

侍者在躬求開示，師云：「我口乾，且去打茶來。」

躬擬取茶，師劈面便掌。躬禮拜。

師云：「見甚麼道理便禮拜？」

躬云：「說不出。」

師云：「啞卻你口。」

——清·元：《一初元禪師語錄》，《嘉興藏》第 29 冊，第 385 頁。

487. 老僧舌破為你說不得

普茶，僧問：「一個個零零落落，和尚如何定奪？」

師良久。僧罔措。

維那擊引磬起身云：「大眾謝茶。」

師云：「卻是維那定奪得。」

問：「古人道，須參活句，莫參死句，如何是活句？」

師云：「老僧舌破為你說不得，去。」

僧出，復入云：「和尚舌破用冬青葉好。」

師打云：「汝為甚著死句。」

連棒趁出。

——明·圓悟：《密雲禪師語錄》卷五，《嘉興藏》第 10 冊，第 30 頁。

488. 且道是轉不轉

上堂：「處處現成，頭頭成現。譬如關頭水急，茶磨不撥，終日自轉。正恁麼時，忽然歇水停輪，且道是轉不轉？薰風自南來，殿閣生微涼。」

——宋·雪岩欽：《雪岩祖欽禪師語錄》卷一，《卍續藏》第 70 冊，第 600 頁。

489. 流俗阿師

師問僧：「那裡來？」

僧云：「南嶽來。」

師云：「來作甚麼？」

僧云：「特來親近和尚。」

師云：「流俗阿師。」

僧便喝。

師笑云：「恰值拄杖不在。」

待茶次，師云：「幾時離南嶽？」

僧云：「九月。」

師云：「再喝一喝看。」

僧云：「某且吃茶。」

師云：「流俗阿師。」

僧無語。

——明・通忍：《朝宗禪師語錄》卷七，《嘉興藏》第 34 冊，第 259 頁。

490. 再吃則不堪

至晚，適落堂，余出問云：「如何是諸佛道不得底句子？」

師驀頭便打，余與一喝而出。師對眾云：「問話者到好個氣骨，只是猶欠轉身在。」

余復進堂，師按拄杖云：「因甚老僧又道得？」

云：「和尚縱道得，總要開天下人眼目。」

師拽杖而出。

一晚，樹南禪師設茶，師吃藥酒，舉杯云：「諸方吃茶說茶話，老僧吃酒說酒話，雖然茶酒不相侔，總要令人快處恰。作麼生是快處恰底事？」

余曰：「一花百億國，何處不風流。」

師曰：「老僧只是不肯在。」

余便掩耳而出，復呈偈云：「趙州茶，曹山酒，上古風規至今有，醉卻街前無知漢，兩頭三面解開口。開甚口？咄，笙歌叢裏過，線音不著叟。」

一日，師患恙，大眾不敢進方丈問安。值師出木寮裏看工匠，執事者來云：「眾師可往彼處問候和尚。」一眾齊赴木寮。禮拜方起，師問云：「作甚底？」余曰：「問安和尚。」

師曰：「老僧所患者是常病。」

余曰：「總為天下人害病。」

師曰：「天下人無病。」

余曰：「若恁麼和尚亦當萬福。」

傍僧云：「何甚觜多餘？」

便掌云：「你作觜多會那？」

一眾吟吟而退。

一夕，師與大眾同吃茶。師舉茶杯云：「道道。」

一僧撤杯而飲，師再與一杯，其僧欲接，余喝曰：「再吃則不堪。」

師云：「若不是傍觀者親〔註13〕，淹殺者漢了。」

師顧余云：「你也須吃一杯。」

餘兩手向師，手中撤杯於棹上，作擊碎勢便行。

師笑云：「得恁麼無禮也。」

——清·豁：《寂光豁禪師語錄》卷四，《嘉興藏》第 36 冊，第 871 頁。

491. 布袋裏老鴉，雖活如死

晚參，師舉岩頭、雪峰、欽山同過江西，到一茶肆。欽山云：「不會轉身通氣者，今日不得吃茶。」

岩云：「若與麼我定不得茶吃。」

雪云：「某甲亦然。」

欽云：「兩個老漢不識語在。」

岩云：「什麼處去也？」

山云：「布袋裏老鴉，雖活如死。」

岩頭退後。

山云：「盋兄且置存，公作麼生？」

峰以手畫一圓相。欽云：「不得不問。」

盋公呵呵笑云：「太遠生。」

山云：「有口不得茶吃人多，今夜大家歡集，眾中有道得轉身句子者麼？請吃茶。」

時西堂進云：「吃過了也。」

師云：「不得儱侗，更道看？」

〔註13〕按今義，「親」疑為「清」。然從禪門講，「親」解釋為「自性旁觀者親切，親近」，似也通。

—259—

進云：「什麼儱侗？」

師云：「今晚答話不恰，罰七碗不許吃。」

進云：「有口也不得吃？」

師云：「恁麼答話，岩頭不如你，再與罰茶。」

師云：「三個老鈍錐，豈料鑿頭利，弄盡鬼眼睛，至今沒滋味。道得吃茶卻沒茶吃，某甲亦然。吞聲忍氣，有口不得茶吃人多，空費許些閒力。山僧恁麼說話，木查羹裏美味檢點將來，挖瘡無異今古，明眼衲僧開眸，同打瞌睡，且道畢竟作何話會？阿呵呵，爛嚼老趙州，骨髓可腥氣。」

良久云：「月照庭階樹影斜，山雲片片落誰家？雪花不會秋黃菊，爛飲蒿湯且當茶。」

——清·行曰：《天台通玄寺獨朗禪師語錄》卷上，《嘉興藏》第36冊，第885頁。

又，《虛堂和尚語錄》云：

復舉：欽山同岩頭雪峰行腳會茶次。欽山云：「若不解轉身通氣，不得吃茶。」

岩頭云：「若恁麼我斷不得茶吃。」

雪峰云：「某甲亦然。」

拈云：「親師擇友之難，古之今之。欽山方致薄禮，便有人動他座子。徑山則不然，但有來者，便請高掛鉢囊，飽吃了常住茶飯，一任看山看水。恁麼過，切不得漏泄。何故？」卓拄杖：「恐百鳥獻花無路。」

——宋·妙源編：《虛堂和尚語錄》，《大正藏》第47冊，第1057頁。

492. 卻是你辜負老和尚也

問僧：「甚處來？」

曰：「杭州。」

師曰：「曾到愚庵麼？」

曰：「曾到。」

師曰：「見老和尚否？」

曰：「見。」

師曰：「老和尚有何言句指示汝來？」

曰：「夜踏虎林月，晨烹龍井茶。」

師曰：「恁麼則老和尚辜負你也。」

僧擬議，師曰：「卻是你辜負老和尚也。」

　　──清‧淨範：《蔗庵範禪師語錄》卷十六，《嘉興藏》第 36 冊，第 969 頁。

493. 者個是遷不遷

舉韓文公問僧：「承聞講得《肇論》是否？」

云：「是。」

公云：「肇有四不遷是否？」

云：「是。」

公將茶盞撲破云：「者個是遷不遷？」

僧無語。

　　──宋‧妙源編：《虛堂和尚語錄》卷六，《大正藏》第 47 冊，第 1026 頁。

494. 地爐深夜火，茶熟透瓶香

冬節小參：「洞山掇退果卓，取捨未忘。玉泉不洗布裩，固執難斷。福源寺是個般時節，就中卻不同。梅放孤標，依舊暗香浮動。線添寒影，又逢佳景迎春。燈籠裏帽，水底吹笙。露柱著衫，雲中作舞。是汝諸人還委悉麼？一百五日是清明，清明更在寒食後。」

復舉，僧問古德：「如何是冬來意？」德云：「京師出大黃。」頌云：「有問冬來意，京師出大黃。地爐深夜火，茶熟透瓶香。」

　　──元‧石屋清珙：《石屋清珙禪師語錄》卷上，《卍續藏》第 70 冊，第
　　　659～660 頁。

495. 擎茶者誰

義真笪氏子，初參弁山，看拖死屍話。一日山呼茶，師〔註 14〕擎茶至。

山曰：「擎茶者誰？」

師曰：「某甲。」

山指花瓶曰：「他為甚不擎茶？」

────────

〔註 14〕虔州崆峒不溢滿禪師。

師從此契悟。

——清・際源撰，了貞輯，達珍編：《正源略集》，《卍續藏》第 85 冊，
第 44 頁。

496. 黃檗鋤茶

黃檗〔註15〕一日普請鋤茶園，檗後至。臨濟〔註16〕問訊，按钁而立，檗
曰：「莫是困耶？」

濟云：「才钁地何言困！」

檗舉拄杖便打，濟按杖推倒黃檗，檗呼維那：「拽起我來。」

那扶起曰：「和尚爭容得這風顛漢無禮？」

檗卻打維那。

濟自钁此云：「諸方火葬，我這裡活埋。」

——宋・道原：《景德傳燈錄》卷十二，《大正藏》第 51 冊，第 299 頁。

497. 吃茶吃飯，看水看山，還合平常心麼

舉僧問報慈：「如何是平常心合道？」

慈云：「吃茶吃飯隨時過，看山看水實暢情。」

師云：「吃茶吃飯，看水看山，還合平常心麼？」

——明・通琇編：《天隱修禪師語錄》，《乾隆藏》第 154 冊，第 229 頁。

498. 人摘茶，茶摘人

問新到：「爾在南嶽山，借我二百錢，為什麼不還？」

無對。（代云：「今日小出大遇。」又云：「今日不著便。」）

問僧：「心法雙忘，是第幾座？」

僧云：「第二座。」

師云：「作麼生是第一座？」

僧云：「不敢虧於和尚。」

師不肯。（代云：「韶州糶米。」）

問僧：「什麼處來？」

〔註15〕黃檗山希運禪師
〔註16〕臨濟義玄。

僧云：「摘茶來。」

師云：「人摘茶，茶摘人？」

無對。（代云：「和尚道了，某甲不可更道。」）

——宋·守堅集，宗演校勘：《雲門匡真禪師廣錄》卷下，《大正藏》第47 冊，第 567 頁。

499. 色香味觸具四塵，爾道茶具幾塵

師於普請處謂眾云：「今日困，有解問話底，置將一問來。若不問，向後鼻孔遼天，莫道我瞞爾。」

師問僧：「轉《金剛經》那？」

云：「是。」

師云：「一切法即非一切法，是名一切法。」乃拈扇子云：「喚作扇子，是名拈也。在什麼處？從朝至暮顛倒妄想作麼？」

因吃茶次，問僧：「色香味觸具四塵，爾道茶具幾塵？」

僧無語。

師云：「不得辜負我。」

師因見僧看經，乃云：「看經須具看經眼，燈籠露柱一大藏教無欠少。」拈起拄杖云：「一大藏教總在拄杖頭上，何處見有一點來？展開去也。如是我聞十方國土，廓周沙界。」

——宋·守堅集，宗演校勘：《雲門匡真禪師廣錄》卷中，《大正藏》第47 冊，第 571 頁。

500. 茶熟逢好友，夜深月上階

常山霜劍首座為師祝壽，請上堂，問：「有一人論劫在途中，不離家舍，有一人論劫不在家舍，也不在途中，敢問和尚阿那個合受人天供養？」師云：「卻似山僧。」進云：「祇如首座師不遠千里而來祝壽，未審此人亦在其中否？」師云：「莫錯過。」進云：「恁麼則千年瑞氣環猊座，萬古壽星映法身。」師云：「憑汝念佳章。」乃云：「眾僧求受戒，宰官為法來，山僧未母難，首座先設齋。政恁麼時，大似柳為春催發，梅因雪占開，茶熟逢好友，夜深月上階。」擊拂子云：「祇此一片地，今古絕纖埃，染也染不得，蕩也蕩不得，犯也犯不得，受也受不得。於不得中撥轉關頭，染也染得，蕩也蕩得，犯也犯得，受也

受得。所以無盡意菩薩以瓔珞珠供養觀世音菩薩，而不肯受之，將一分奉釋迦牟尼佛，一分奉多寶佛塔，釋迦多寶悉皆受之。今日西明亦皆受之，一任觀世音菩薩鼻孔裏冷笑。阿呵呵！」下座。

——宋·清素：《蓮峰禪師語錄》卷三，《嘉興藏》第 38 冊，第 335 頁。

501. 吃茶莫道渴

爾策居士設茶，請示眾。

（象田禪師云：）「古鏡埋塵黑似漆，左揩右磨光赫奕。懸向虛空照膽寒，偷心管教一時息。大眾要見古鏡麼？」

以如意畫圓相云：「應如是，知如是，見如是。信解莫生法相，倘有個漢出來道『法相生也』。便向他道：『應如是，知如是，見如是。』信解莫生法相，所以古德道：『須參活句，莫參死句。』若向活句中薦得，可與佛祖為師。向死句中薦得，自救不了。」

乃舉雲居舜老夫少時在洞山聰會下。一日乞食鄂渚，有居士問舜云：「古鏡未磨時如何？」舜云：「黑如漆。」

又問：「磨後如何？」

舜云：「照天照地。」

居士笑云：「上人不是洞山來耶？」

舜默慚馳，歸舉似聰。聰代前語：「此去漢陽不遠。」又代後語：「黃鶴樓前鸚鵡洲。」舜悟其旨。

今夜居士若問山僧古鏡未磨時如何，則向他道：「門前水一溪。」磨後如何，便道：「屋後山萬層。」居士若向這裡會得，始知本有光明照天照地，不孤今夜設茶。其或未然，大鬚策起眉毛好。

僧問：「古鏡當空胡來胡現，漢來漢現。胡漢不來時，又作麼生現？」

師云：「吃茶也未。」

進云：「露滴松枝，翠青山，絕點埃。」

師云：「吃茶莫道渴。」

進云：「恁麼則慣捉龍頭擒虎尾，無名山上顯雲雷。」

師云：「聞言語。」

僧問：「人人有面古鏡，且道如意還有古鏡也無？」

師云：「牙齒一具骨。」

進云：「打破鏡來，又作麼生相見？」

師云：「耳躲兩片皮。」

進云：「恁麼則云歸五夜曉，月落萬山寒。」

師云：「知你不知落處在？」

——明·淨癡、本致輯錄：《象田即念禪師語錄》，《嘉興藏》第 27 冊，
　　第 160 頁。

502. 一盞清茶醉不醒

脫略衲僧家，動轉如飛豹。不墮有無功，自然離用照。無星秤上沒淆訛，半斤八兩何須較。與麼也！一盞清茶醉不醒，不與麼也！耆婆妙藥難求效，驀直台山路不差。夜行不許投明到，爛炒浮漚當飯噇，切忌翻卻煎茶銚。

——明·德然說，慧省編：《松隱唯庵然和尚語錄》，《嘉興藏》第 25 冊，
　　第 38 頁。

503. 一盞清茶醉殺人

重陽示眾：「乍住真如一無有，堪堪度到九月九。東籬黃菊報新開，令人翻憶陶五柳。興來效俗也登高，直上浮屠最高所。極目山河萬象攢，出頭天外誰把手。遍插茱萸少一人，三玄三要難分剖。雖然一句羨汾陽，拈得鼻孔失卻口。臨濟老，白拈賊身藏沒所，一盞清茶醉殺人。個般滋味君知否？」

——清·旭說，全琳全本等錄：《晦岳旭禪師語錄》，《嘉興藏》第 38 冊，
　　第 532 頁。

504. 禪禪，茶熟香煎

全室泐云：「應庵老漢口似懸河，也只說得一半。者一半山僧今日對眾舉揚，更不囊藏被蓋，且要與此老把手共行。禪禪，火著油煎。饑來吃飯，困則打眠。神仙秘訣，父子不傳。禪禪，妙中之妙，玄中之玄。達磨不來東土，二祖不往西天。禪禪，黃菊綻金錢，大蟲裹紙帽，竇八布衫穿。」

蒭舟元云：「華祖恁麼提持，可謂倒腹傾腸，爭奈知恩者少。山僧既作腳下兒孫，不免覿面相見。禪禪，茶熟香煎。清風月下，石枕雲眠。從無巴鼻，

有甚堪傳。禪禪，現成一句，劈破三玄。水流到海，月不離天。禪禪，關中使鐵錢。若不同床睡，焉知被底穿。」

——清·性音：《宗鑒法林》卷三十四，《卍續藏》第 66 冊，第 489 頁。

505. 和尚適來舉起盞子意作麼生

洪州東山慧和尚遊山，見一巖。僧問云：「此巖有主也無？」

師云：「有。」

僧云：「是什麼人？」

師云：「三家村裏覓什麼？」

其僧入問：「如何是巖中主？」

師云：「還氣急麼？」

有小師行腳回，師問：「汝離吾在外多少時邪？」

小師云：「十年。」

師云：「不用指東指西，直道將來。」

小師云：「對和尚不敢謾語。」

師喝云：「遮打野漢。」

清田和尚一日與瑤上坐煎茶次，師敲繩床三下，瑤亦敲三下。師云：「老僧敲有個善巧，上座敲有何道理？」

瑤曰：「某甲敲有個方便，和尚敲作麼生？」

師舉起盞子。

瑤云：「善知識眼應須恁麼。」

煎茶了，瑤卻問：「和尚適來舉起盞子意作麼生？」

師云：「不可更別有也。」

大於和尚與南用到茶堂，見一僧近前，不審，用云：「我既不納汝，汝亦不見我。不審阿誰？」

僧無語。

師云：「不得平白地恁麼問伊。」

用云：「大於亦無語。」

師乃把其僧云：「是爾恁麼，累我亦然。」打一摑

用便笑曰：「朗月與青天。」

侍者到看，師問云：「金剛正定，一切皆然，秋去冬來，且作麼生？」

侍者云：「不妨和尚借問。」

師云：「即今即得，去後作麼生？」

侍者云：「誰敢問著某甲？」

師云：「大於還得麼？」

侍者云：「猶要別人檢點在。」

師云：「輔弼宗師，不廢光彩。」

侍者禮拜。

——宋·道原：《景德傳燈錄》，《大正藏》第 51 冊，第 268 頁。

506. 費力太多，反成不自在

舉真淨和尚上堂云：「衲僧門下，無非是過量境界，自在禪定。」喝一喝，云：「豈不是過量境界？」又咳嗽一聲云：「豈不是自在禪定？阿呵呵！將此深心奉塵剎，是則名為報佛恩。」

師云：「真淨和尚雖能顯示過量境界，自在禪定，只是費力太多，反成不自在。龍池則不然，聽取一頌：紅芍藥邊觀蝶舞，綠楊堤畔聽鶯啼。歸來茶熟能消渴，兀坐山堂日轉西。」

——明·行猷等編：《萬如禪師語錄》卷八，《嘉興藏》第 26 冊，第 471 頁。

507. 玻璃盞子吃茶時

上堂〔註17〕，舉無著和尚至五臺與老翁吃茶次，翁拈起玻璃盞問曰：「南方還有這個麼？」著云：「無。」翁云：「尋常將甚麼吃茶？」著無對。

師頌曰：「五臺凝望思遲遲，白日青天被鬼迷。最苦一般難理會，玻璃盞子吃茶時。」

——明·文琇集：《增集續傳燈錄》卷四，《卍續藏》第 83 冊，第 298 頁。

〔註17〕慧嚴象潭泳禪師。

508. 旋汲龍團萬丈深，爛煮春茶飜白雪

無得和尚忌辰，拈香云：「憶昔當年錯訪尋，被他用盡毒肝心。賺來賺到凌霄頂，火冷雲寒恨轉深。冤可解，不可結，必竟如今甚時節？打拳何似吃拳時，此理明明向誰說？旋汲龍團萬丈深，爛煮春茶飜白雪。」

——宋·淨伏編：《虛舟普度禪師語錄》，《卍新續藏》第 71 冊，第 91 頁。

509. 有一人不受戒，亦無生死可免，汝還知否

澧州高沙彌，初參藥山。藥山問：「甚處來？」師曰：「南嶽來。」藥山曰：「何處去？」師曰：「江陵受戒去。」藥山曰：「受戒圖甚麼？」師曰：「圖免生死。」藥山曰：「有一人不受戒，亦無生死可免，汝還知否？」師曰：「恁麼則佛戒何用？」藥山曰：「這沙彌猶掛唇齒在。」師禮拜而退。

道吾來侍立，藥山曰：「適來有個跛腳沙彌，卻有些子氣息。」道吾曰：「未可全信，更須勘過始得。」

至晚，藥山上堂，召曰：「早來沙彌，在甚麼處？師出眾立。」藥山問：「我聞長安甚鬧，你還知否？」師曰：「我國晏然。」（法眼益別云：「見誰說？」）藥山曰：「汝從看經得？請教得？」師曰：「不從看經得，亦不從請教得。」藥山曰：「大有人不看經，不請教，為甚麼不得？」師曰：「不道他不得，祇是不肯承當。」藥山顧道吾雲巖曰：「不通道。」

一日辭藥山，藥山問：「甚麼處去？」師曰：「某甲在，眾有妨。且往路邊卓個草庵，接待往來茶湯去。」藥山曰：「生死事大，何不受戒去。」師曰：「知是般事便休，更喚甚麼作戒。」藥山曰：「汝既如是，不得離吾左右。時復要與子相見。」

師住庵後，一日歸來值雨。藥山曰：「你來也。」師曰是。藥山曰：「可煞濕。」師曰：「不打這個鼓笛。」雲巖曰：「皮也無，打甚麼鼓？」道吾曰：「鼓也無，打甚麼皮？」藥山曰：「今日大好一場曲調。（天奇瑞云：「藥山為子情深，恐有隨緣不備。雖乃密密提持，不防壓良為賤。三子人中之傑，匪肯混混湣湣，不犯鋒鋩，善能宛轉。所以撥轉船頭，飽載風月。」）

藥山齋時自打鼓，師捧缽作舞入堂。藥山便擲下鼓槌曰：「是第幾和？」師曰：「是第二和。」藥山曰：「如何是第一和？」師就桶舀一杓飯便出。

——明·黎眉等編：《教外別傳》卷十四，《卍續藏》第 84 冊，第 326 頁。

510. 此猶是這邊事，那邊事作麼生

台州湧泉景欣禪師，泉州人也。自石霜開示，而止湧泉。強德二禪客，於路次見師騎牛，不識師，忽曰：「蹄角甚分明，爭奈騎者不鑒。」

師驟牛而去，強德憩於樹下煎茶。師回，卻下牛問曰：「二禪客近離甚麼處？」

強曰：「那邊。」

師曰：「那邊事作麼生？」

強提起茶盞。

師曰：「此猶是這邊事，那邊事作麼生？」

強無對。

師曰：「莫道騎者不鑒好。」

（保寧勇代師，指參隨人云：「歸到山中，分明舉似。」）

——明·黎眉等編：《教外別傳》卷十四，《卍續藏》第 84 冊，第 330 頁。

511. 是尋常，不是尋常

再住黃檗，林檀越請上堂。西堂良也問：「黃檗開期慣用本分鉗錘，只如逢著超宗異目底人，如何施設？」

師云：「虎頭帶角出荒草。」

進云：「恁麼則牙期本是舊知音，流水高山不用弦。」

師云：「隱隱峰頭露一班。」

進云：「今日林府設齋，不比尋常茶飯，因齋慶贊一句作麼生道？」

師打云：「是尋常，不是尋常？」

進云：「直下分明。」

師云：「祇為分明極。」

乃云：「陷獸機關，妙乎毒手；活人眼目，所貴藏鋒。鋒藏忽然入眼，重重翳障淨盡消除；手毒偶觸其機，一切生靈俱在坎內。然世間小小技術，亦有神妙不測之功以利天下。何況佛祖鉗錘，宗門牙爪，一棒一喝，一錐一拶，一語一默，一動一靜之下，轉凡成聖者乎？故我臨濟見僧入門便喝，德山見僧入門便棒。」

又云：「夫參學者，不避喪身失命。我在黃檗處，三度問佛法的大意，三蒙痛棒，如蒿枝拂相似。而今再思一頓，無人下手。」僧云：『某甲下手。』

濟度棒與僧，僧擬接，濟便打。看這老漢機用，如返風回火奔流，度刃毒中之毒，鋒上加鋒，殺活自由，亙赫千古。苟承其宗，須明厥旨，豈可呴呴之仁、硜硜之德、詹詹之言、屑屑之行混雜其間，以玷從上綱宗邪？茲乃結夏之期，眾等請升此座，欲山僧舉揚正法眼藏，於清淨大圓覺中，一一點出正知正見，與諸人共知。未審諸人還委悉麼？掃卻腥臊千萬里，唯餘正脈永流通。」下座。

—— 明・重興隆琦隱元等輯，獨往等編訂續修：《黃檗山寺志》卷三，見杜潔祥主編：《中國佛寺史志彙刊》第三輯第 4 冊，丹青圖書公司，1985 年，第 153～155 頁。

512. 煩心，心在什麼處

派行宗標〔註 18〕，觀幻道人其別號也。泉州銀同人，父乾用林公，母黃氏，九月十九日誕。年十七，開元紫雲寺淡源耆德為之薙染。越年，稟承天寺時現和尚戒。甲寅春，檗山謁本師廣超老和尚。吃茶次，本師問：「年多少？」答云：「二十有二。」本師云：「貌何老也？」答云：「煩心。」本師云：「心在什麼處？」當時被徵，無言可答。本師拈龍眼云：「請。」又不能酬對。遂求掛塔。雖在禪堂參請，而終日迷悶，不知心在甚麼處。因入侍寮，朝夕諮叩。

—— 明・重興隆琦隱元等輯，獨往等編訂續修：《黃檗山寺志》卷三，見杜潔祥主編《中國佛寺史志彙刊》第三輯第 4 冊，丹青圖書公司，1985 年，第 192 頁。

513. 慚愧者誰

縣主凌公問：「與萬法為侶政自難，如何得不與萬法為侶？」

師震聲一喝云：「會麼？」

進云：「未了。」

師云：「還要第二杓惡水麼？」

公無語。少頃，問云：「畢竟如何是不與萬法為侶？」

師云：「百花叢裏過，一葉不沾身。」

次夜茶次，問：「昨日請教大師，自見慚愧。」

師云：「慚愧者誰？」

〔註 18〕黃檗山第十四代明標良準禪師。

進云：「親到黃檗來。」

師云：「明日向甚麼處去？」

公擬議，師云：「來得，去不得。」

進云：「話頭明明，為甚鉤不起？」

師云：「放下來。」

公應：「諾。」

又問：「百丈野狐話，不落是？不昧是？」

師云：「山僧不打這兩片皮。」

進云：「不會。」

師云：「江南江北問王老，一狐疑了一狐疑。」

進云：「為甚麼又墮野狐身？」

師云：「汝即今是什麼身？」

公無語。

師云：「山僧今夜亦墜異類中去也。」便作虎聲，轉身歸方丈。

——明・重興隆琦隱元等輯，獨往等編訂續修：《黃檗山寺志》卷三，見
　　杜潔祥主編《中國佛寺史志彙刊》第三輯第 4 冊，丹青圖書公司，
　　1985 年，第 157 頁。

514. 五蘊山頭有一片放光石

　　小除茶話。古德云：「五蘊山頭有一片放光石，從眼門放光照見山河大地，
從耳門放光采聽一切音響，從鼻門放光通聞一切香臭，從口門放光出納一切
語言。祇是被無名執著二種籠絡，雖在光天化日之下，猶然黑暗不自覺知。
倘有智者善將此石鐫作一尊古佛，不但觀音勢至文殊普賢齊來唱和，即過去
莊嚴劫，現在仁賢劫，未來星宿劫，三世諸佛同聲讚揚。汝等若於行時無無
明無執著，便鐫一尊行佛。於住時無無明無執著，便鐫一尊住佛。於坐時無
無明無執著，便鐫一尊坐佛。於臥時無無明無執著，便鐫一尊臥佛。於斯薦
得分明，乃至一切折旋俯仰悉皆放光動地。其或未然，只待汝等洗面摸著鼻
孔，吃飯咂著舌頭，經行撞著露柱。飲茶蕩著口唇。吥，原來這個就是說話之
頭！方知古德亦非誑語，山僧不是口業。」

——清・性巨、性湛等編：《竺峰敏禪師語錄》卷二，《嘉興藏》第 40 冊，
　　第 233 頁。

515. 通紅瓦灶煮春茶

除夕小參：「隨緣隨分野僧家，此際如何度歲華？兩岸梅花開未了，通紅瓦灶煮春茶。正恁麼時，還有佛法也無？一滴沾唇消傀儡，人前何用更拋沙。」

因事小參，問：「棄本逐末，未審是何懷抱？」師云：「貪他一粒米，失卻半年糧」。進云：「喚甚麼作一粒米？」師云：「擬心即錯，動念即乖。」乃云：「老漢生平性燥，不會巧言，一味直道。翻思愛推屋烏，緘口一任顛倒。相逢但喚吃茶，逆耳拂心盡掃。掃則固是拈示，奚為祇圖蛇驚，不惜打草。」

小參：「饑餐渴飲，起坐困眠。聖凡一致，愚智皆然。三登九上，徒涉山川。一撥便轉，未脫縑纖。更或沉思，蒼天蒼天。」

——明・弘瀚：《粟如瀚禪師語錄》卷四，《嘉興藏》第 40 冊，第 462 頁。

516. 將茶器便打

僧問：「除卻話頭，請師直指西來意。」

師指茶器云：「這是宜興茶壺。」

云：「除卻這個，請師別道。」

師將茶器便打。

——清・通際說，達蒭等編：《南嶽山茨際禪師語錄》卷三，《乾隆藏》第 157 冊，第 647 頁。

517. 撲破茶盞歸院

雪峰遷化，師作喪主。集大眾，煎茶次。師於靈前拈起茶盞問大眾云：「先師在日即且從，你道今且作麼生道？若道得，先師無過。若道不得，即過在先師。還有人道得麼？」

如是三遍問，大眾俱無語，師便撲破茶盞歸院。

——唐・智嚴集：《玄沙師備禪師廣錄》下，《卍續藏》第 73 冊，第 19 頁。

518. 還伏得龍麼

師〔註19〕問云：「甚處來？」

〔註19〕唐代咸啟禪師。

僧云：「伏龍。」

師曰：「還伏得龍麼？」

僧云：「不曾伏這畜生。」

師曰：「且坐吃茶。」

——清·德介等：《天童寺志》卷六，見杜潔祥主編：《中國佛寺史志彙刊》第一輯第 13～14 冊，明文書局，1980 年，第 385 頁。

519. 是你底是我底

普門領眾訪師，茶次，門云：「如何不吃茶？」師云：「吃。」門云：「你沒有。」師舉茶覷示之。門云：「這是我底。」師以茶驀麵潑云：「是你底是我底？」門無語。

齋罷，門云：「世間人如放鷂子，見風勢大不要放。」師云：「不然。」門云：「怎麼不然？」師云：「設若放起時風大如何？」門云：「了。」師云：「亦不然。」門云：「怎麼不然？」師云：「何不道收起索子？」門又無語。

——明·圓修：《天隱和尚語錄》第 10 卷，《嘉興藏》第 25 冊，第 566 頁。

520. 只如吃茶與不吃茶是同是別

僧問：「趙州逢人便道吃茶去，未審和尚教人吃個甚麼？」

師云：「不教你吃茶。」

僧禮拜。

師云：「只如吃茶與不吃茶是同是別？」

僧無語。

師令眾下語，不契。自代云：「口是兩片皮。」

——明·通忍：《朝宗禪師語錄》第 7 卷，《嘉興藏》第 34 冊，第 262 頁。

521. 吃茶時謝茶，不吃茶時又作麼生

普說，師云：「昨日二十九，今朝是三十。數目甚分明，循環無間息。無間息與他觀體不相識。」師召大眾云：「且道他是阿誰？」

一僧云：「謝茶。」

師云：「吃茶時謝茶，不吃茶時又作麼生？」

僧云：「謝茶。」

師云：「釘樁搖櫓漢。」

——清・德富：《玉泉其白富禪師語錄》第 3 卷，《嘉興藏》第 38 冊，第
966 頁。

522. 請佳種看

師僅二十五歲，受杖拂，一眾驚異。臘八日始進比丘戒，明年為參頭，
西堂某以師年少頗易之。師坐即不下單，歷五六時，凡香七八炷始出定，即
立次亦香三四炷不歇，眾愈驚歎。明年爾密師同遊，住梅花庵，師每向岩林
宴坐，竟忘返，或攀樹而寂，或坐茶灶下不起。密師益厭，搖撼者久之，已而
去，明年歸真。寂禮聞，大師且怒且罵，不許見，謂黃口小兒何等敢裨販老僧
耶。師進前一拜，竟出，攜瓢笠遍參。與石雨師約入楚，會於黃，由吳淞涉金
陵，乞食村落，夜宿古冢間。人不能測，路旁茆屋有老僧可八九十，師入問
茶，僧目視茶爐。師指樹上瓜云：「是得食否？」僧云：「留種。」師云：「先
種何來？」僧西指云：「那畔那畔。」師云：「是種穢雜。」僧云：「請佳種看。」
師拱手謝茶。僧亢聲云：「魔子。」回人寢處，不復見跡，其人蓋獨居三十載
矣。

——清・淨挺：《雲溪俍亭挺禪師語錄》卷十五，《嘉興藏》第 33 冊，第
792 頁。

523. 摘得幾個達磨

問僧：「甚處來？」

僧云：「摘茶來。」

師云：「摘得幾個達磨？」

代云：「新茶宜少吃。」又云：「因摘春茶不廢功力。」

因僧辭師。師云：「甚處去」？

僧云：「虔上去。」

師云：「打野榸漢。」

代云：「珍重。」

又云：「臨行。」

因曬麥問僧：「曬了也未？」

僧云：「了也。」

師云：「饅頭從爾橫咬豎咬，不離這裡道將一句來。」

——宋·守堅集，宗演校勘：《雲門匡真禪師廣錄》卷中，《大正藏》第
47 冊，第 570 頁。

524. 茶碗裏有你麼

江陰靜寧力庵蔭禪師，通州邵氏子。參靈巖儲，值茶次，儲問師曰：「茶
碗裏有你麼？」

師曰：「某甲何物？用掛齒牙。」

儲曰：「力子力子。」

師近前問訊曰：「和尚萬福。」

——清·超永：《五燈全書》卷八十七，《卍續藏》第 82 冊，第 479 頁。

525. 定本無門，從何而入

欽山與巖頭雪峰坐次，師行茶來，欽山乃閉目。

師云：「什麼處去來？」

欽山云：「入定來。」

師云：「定本無門，從何而入？」

——明·郭凝之輯：《袁州仰山慧寂禪師語錄》，《大正藏》第 47 冊，第
584 頁。

第四編　吞吐隨緣

526. 一任開大口

設開口茶，請示眾：「拈花微笑，不傳之妙。少林面壁，重玄之則。是乃至道也，而世人希及之善。繼其道者，非吾枯木堂中客而誰？兄弟家合生慶幸，當知不是一生兩生三四五生而種般若根，定是靈山親承授記來還。識不傳之妙麼？」以如意左邊擊云：「咦，還識重玄之則麼？」以如意右邊擊云：「咦，向這裡會得，一任開大口，吞卻乾坤，吸乾滄海。其或未然，吃茶也須防咽。」

——明・淨癡、本致輯錄：《象田即念禪師語錄》,《嘉興藏》第 27 冊，第 162 頁。

527. 試吞吐看

師亦依芳祝髮，禮靈隱具德受戒。領竹篦話，參究靡懈。偶至北高峰，篤疑忘返，抬眸見月，心境廓然，自爾疑團頓釋。且抵寮，眾咎違規，師怡然笑曰：「若不登高望，怎知滄海寬。」德歷舉公案詰之，無不了了。遂謁木陳、祖印、費隱、箬庵、浮石、玉林、牧雲、一初諸老，機鋒不讓無可。

師意嘗聞，介和尚門風高峻，道重諸方，即造金明。明問：「雲封獅窟，向背無門，汝從何入？」師曰：「從門入者，不是家珍。」明曰：「汝是行腳僧，為什向驢胎馬腹裏作活計？」師曰：「今日親見和尚。」明曰：「你看老僧眉毛落了幾莖？」師曰：「生也。」明便打。師曰：「不入洪波裏，怎見弄潮人。」明曰：「你見何道理恁麼道？」師拂袖便出。

尋命茶，明拈果曰：「者是醍醐？是毒藥？」師曰：「舌頭在和尚口裏。」
明曰：「你作麼生會？」師便喝。明置果師前曰：「試吞吐看。」師作禮曰：「謝
和尚茶。」明即令參堂，遂安維那，次遷監院。

——清・真在：《徑石滴乳集》卷五，《卍續藏》第 67 冊，第 551 頁。

528. 扣冰古佛

扣冰澡光古佛，初參雪峰。峰曰：「子異日必為王者師。」後自鵝湖歸
溫嶺結庵，繼居將軍岩，二虎侍側。神人獻地，為瑞岩院，學者爭集。嘗謂
眾曰：「古聖修行須憑苦節，吾今夏則衣楮，冬則扣冰而浴，故世人號為扣
冰古佛。」

後住靈曜。天成三年應閩王之召，延居內堂，敬拜曰：「謝師遠降。」

賜茶次，師提起橐子曰：「大王會麼？」

曰：「不會。」

曰：「人王法王，各自照了。」留十日以疾辭。

至十二月二日，沐浴升堂告眾而逝。王與道俗備香薪茶毘，祥耀滿山，
收舍利塔於瑞岩正寢。謚妙應法威慈濟禪師，自是至今遠近祈禱靈異非一。

——明・朱棣：《神僧傳》卷九，《大正藏》第 50 冊，第 1011 頁。

529. 更請一甌茶

舉有僧，為同安和尚煎茶。安云：「甌烹綠茗，爐熱白檀，足可以話道周
圓。」

僧云：「更請一甌茶。」

安云：「井底求魚，山上求螺，豈非愚哉！」

僧叉手近前。

安云：「何不道取？」

僧以目視之。

安云：「卦是天門籌來五兆。」

僧禮拜。

安云：「俊哉！」

——宋・祖慶：《拈八方珠玉集》卷下，《卍續藏》第 67 冊，第 676 頁。

530. 又來討甚麼碗

茶話：「臺上一爐香，茶斟三個棗。恁麼不恁麼，只要當下了。茶斟三個棗，臺上一爐香。鼻孔原在面，何須更舉揚？若是咬豬狗底手腳，才聞舉著，踢起便行，八字打開，當陽覷破，便解吃飽，茶睡滿覺，又來討甚麼碗？」

　　——明·慧機：《慶忠鐵壁機禪師語錄》卷四，《嘉興藏》第 29 冊，第 587 頁。

531. 既解吃茶，何用東說西說

除夕茶話：「年年有個三十夜，窮漢鬧炒富漢熱，若無債主上門來，便是人間好時節。大眾既解吃茶，何用東說西說？」喝一喝。

　　——明·慧機：《慶忠鐵壁機禪師語錄》卷四，《嘉興藏》第 29 冊，第 587 頁。

532. 設若有說，也是將錯就錯

茶話，豎指云：「巍巍山嶽。」打〇云：「皓皓明月。」良久云：「寂寂虛空。」喝一喝云：「恒恒大覺，任是有名有相，怎似無言無說？設若有說，也是將錯就錯。作麼生是錯？茶來吃茶，飯來吃飯。」

　　——明·慧機：《慶忠鐵壁機禪師語錄》卷四，《嘉興藏》第 29 冊，第 587 頁。

533. 果熟茶香，與諸人同坐同飲，應個時節

重陽普茶，示眾：「九月九，又有花糕又有酒，雲居也無花糕也無酒，只有本地果子本山茶，果熟茶香，與諸人同坐同飲，應個時節。若謂不曾登高，元來不在山下。」

僧問：「如何是第一峰？」

師云：「榧子兩頭尖進。」

云：「如何是須彌頂？」

師云：「核桃囫圇圓。」

　　——清·如巹：《方融璽禪師語錄》卷二，《嘉興藏》第 29 冊，第 830 頁。

534. 道得的茶一杯，道不得底茶一杯

茶話：「處處真，處處真，塵塵盡是本來人。西邊祭鬼鼓，東畔打鑼聲。文殊失卻褌，普賢檢得金。村前土地過河來，山頭老漢處問津。大為可笑，露柱黑夜生下兒，且道是男是女？大家辯看，道得的茶一杯，道不得底茶一杯。」

傍僧曰：「為甚道得的也茶一杯，道不得底也茶一杯？」

師曰：「你不見趙州祖師那吃茶去？」

——清·學蘊：《知空蘊禪師語錄》卷一，《嘉興藏》第 37 冊，第 765 頁。

535. 老僧齋了未吃茶

師示眾云：「老僧今夜答話去也，解問者出來。」

有僧才出禮拜，師云：「比來拋塼引玉，只得個墼子。」

問：「狗子還有佛性也無？」

師云：「無。」

學云：「上至諸佛，下至蟻子，皆有佛性，狗子為什麼無？」

師云：「為伊有業識性在。」

問：「如何是法身？」

師云：「應身。」

云：「學人不問應身。」

師云：「但管應身。」

問：「朗月當空時如何？」

云：「闍梨名什麼？」

學云：「某甲。」

師云：「朗月當空在什麼處？」

問：「正當二八時如何？」

師云：「東東西西學。」

云：「如何是東東西西？」

師云：「覓不著。」

問：「學人全不會時如何？」

師云：「我更不會。」

云：「和尚還知有也無？」

師云：「我不是木頭，作麼不知？」

云：「大好不會。」

師拍掌笑之。

問：「如何是道人？」

師云：「我向道是佛人。」

問：「凡有言句，舉手動足，盡落在學人網中，離此外請師道。」

師云：「老僧齋了未吃茶。」

馬大夫問：「和尚還修行也無？」

師云：「老僧若修行即禍事。」

云：「和尚既不修行，教什麼人修行？」

師云：「大夫是修行底人。」

云：「某甲何名修行？」

師云：「若不修行，爭得撲在人王位中，喂得來赤凍紅地？」

　　——唐・叢諗：《趙州和尚語錄》卷上，文遠記，《嘉興藏》第 24 冊，第
　　706 頁。

536. 正好當道煎點

茶榜：切以透脫情關，直截一條活路。抽開識鎖，當陽十字縱橫。但能足下無私，信知路頭不別。賢愚貴賤，各有所歸。士農工商，咸由此道。祁寒溽暑，往來曷辭苦骨勞勩。風雨晴煙，閒忙盡叫口乾舌渴。可憐心頭熱悶，不忍袖手傍觀。應須鎚碎龍團，正好當道煎點。掇出趙老三杯，欣然請坐。吸竭盧仝七碗，掉臂便行。不特滋味殊深，大都清涼熱惱。雖則任我攔街把住，憑君自肯承當。休怪看客兩停，元來一般管待。莫向就中取則，方知功德難量。誰肯當前，共成斯事？

　　——清・果性等編：《雲峨禪師語錄》卷下，《嘉興藏》第 28 冊，第 200 頁。

537. 雪烹龍團，浪翻蟹眼

暌違道範，渴慕芳規，每瞻風采於詞垣，素慚萍梗於參閫。有稽候悃，未遂鄙私，得便鴻翔，聊將問慰足下。獨宿孤峰，惟抱擎天之志；身遊大野，實起濟道之風。掃卻三玄，縱橫機超物外；空諸萬有，坐斷報化佛頭。名占夷嶺之尊，道震崇潭之重。春雲翠潑山川，瑞草香浮岩壑。雪烹龍團，浪翻蟹眼。吾兄卓錫於此，日用樂道無窮。行躋南陽之儔，坐置高庵之理。素有鄙

志，欲躡高蹤，未知六六峰頭，三三水畔，尚容予杖笠之寄乎？弗罄遐思，謹此以慰。

　　——清・寂空編：《明覺聰禪師語錄》卷第十八，《乾隆藏》第 158 冊，
　　　第 275 頁。

538. 和尚為什麼就身打劫

　　有提刑問楊岐會曰：「和尚法嗣何人？」曰：「慈明。」提刑曰：「見個什麼道理，便嗣他？」楊岐曰：「共缽盂吃飯。」提刑曰：「與麼則不見也」。楊岐捺膝曰：「什麼處是不見？」提刑大笑。楊岐曰：「須是提刑始得。」又請入院燒香。提刑曰：「卻待回來。」楊岐乃獻茶信。提刑曰：「這個卻不消得，有甚干曝曝底禪，希見示些子。」楊岐指茶信曰：「這個尚不要，豈況干曝曝底禪。」提刑擬議，楊岐乃有頌：「示作王臣，佛祖罔措。為指迷源，殺人無數。」提刑曰：「和尚為什麼就身打劫？」楊岐曰：「元來卻是我家里人。」提刑大笑。

　　——明・圓信較定、郭凝之彙編：《先覺宗乘》卷五，《卍續藏》第 87 冊，
　　　第 213 頁。

539. 草蔓蔓

　　師過伏虎庵，有爾庵獻茶次，庵云：「者裏草蔓蔓，和尚如何枉駕？」師云：「君子愛人以德。」庵以腳蹋地。師云：「總不出個草蔓蔓地。」庵云：「好與三十棒。」師云：「自知較一半。」

　　——清・祖抽錄：《荊南開聖院山暉禪師語錄》卷七，《嘉興藏》第 29 冊，
　　　第 55 頁。

540. 客來問法，活火煮茶

　　異哉此室，燦然心華。萬境空寂，三際不嘩。極小同大，隱若毗耶。客來問法，活火煮茶。覷彼一默，殆無以加。於斯妙悟，智山法芽。趣解脫道，住法王家。我作銘言，永矢弗誇。庶幾覽者，齎彌戾車。

　　——元・汝現、元寶、慧朗等編：《了庵清欲禪師語錄》，《卍續藏》第 71
　　　冊，第 383 頁。

541. 不離普光殿，不出菩提場

歸一監院請茶話，師云：「參禪了脫死生奇，幾度嚴霜徹骨時。不是寒岩枯木發，春風吹出杏花枝。若也會得，乾坤吐其正氣，宇宙增其光輝，萬紫千紅篆不雕之心印，七黃八白演不說之妙門，穿透諸人鼻孔，裂破娘生面皮。物物圓明，頭頭顯露，爍爍山桃似火，絲絲溪柳拖金，日暖風和，鶯啼燕語。所以不離普光殿，不出菩提場。——超聲越色，明明獨露家風，且道是阿誰境界？」良久云：「有信風雷催出蟄，無言桃李自成蹊。」

——清·如相：《敏樹禪師語錄》卷五，《嘉興藏》第 39 冊，第 488～489 頁。

542. 每把茶甌隨啜飲

眾請茶話，師云：「長連床上嘴盧都，擊碎疑團一物無。鐵脊豎枯禪有定，金風體露月輪孤。心通三際超方便，悟徹一乘向上圖。每把茶甌隨啜飲，逢人莫道絕親疏。」

——清·如相：《敏樹禪師語錄》卷五，《嘉興藏》第 39 冊，第 489 頁。

543. 一處明去，千處百處光輝

張道靈、宋道行二居士請茶話，師指燈云：「明燈相對照堂前，人物許多卻自然。今夜此中如會得，人人悟徹此根源。若也悟徹，一處明去，千處百處光輝，一言通時，千言萬言透脫。不惟三世諸佛於此轉大法輪，歷代祖師於此傳其心印，天下田庫奴於此開堂說法。老僧今夜於此說些茶話，以為現成受用，一任飽飧，免得皆為鈍滯而成畫餅。且道古今是同是別？若道是同，達磨不來東土，二祖不往西天，人人壁立萬仞，個個常光現前。若道是別，太湖三萬六千頃，月在波心說向誰參。」

——清·如相：《敏樹禪師語錄》卷五，《嘉興藏》第 39 冊，第 489 頁。

544. 盧仝七碗猶增興，趙老三杯遣睡魔

眾善士請茶話，師云：「寒風昨夜下天河，滿月江山白玉珂。六出奇花天上落，千層瑞氣嶺頭多。盧仝七碗猶增興，趙老三杯遣睡魔。莫道老僧開正眼，金刀剪碎布藤蘿。」

——清·如相：《敏樹禪師語錄》卷五，《嘉興藏》第 39 冊，第 489 頁。

545. 地爐撥活火通紅，茶熟香清萬籟空

示眾：「父母未生以前，便恁麼休去，腳跟下早已泥深三尺，更待問那個是我本來面目？自然上無登天之計，下無入地之謀，又爭怪得？咄，下坡不走，快便難逢。」拍膝一下，便起。

示眾：「地爐撥活火通紅，茶熟香清萬籟空。懵懂師僧真好笑，不知誰是主人公。」

良久，撮東風。

——清·超永編輯：《五燈全書》，《卍續藏》第 82 冊，第 380 頁。

546. 衲僧以慧為命，以禪悅為食

青苗會滿散，上堂：「國以民為本，民以食為天。衲僧以慧為命，以禪悅為食。山僧與諸人，連日同遊毗盧遮那性海，歷遍百一十城。所參底知識，所得底法門，無不了知。且道，柔軟勝味主稼神，與無量主稼神。所譚何法？」拈柱杖，卓一下云：「歸堂吃茶。」

——宋·月江正印撰，元·居簡等編：《月江正印禪師語錄》卷一，《卍續藏》第 69 冊，第 112 頁。

547. 你將趙州一盞茶來，我與你一淌大海水

上堂：「大凡一問一答，一拶一挨，也須是本色道流，始堪持論。你將雲門半片䴺餅來，我與你半個須彌山。你將趙州一盞茶來，我與你一淌大海水。若是眼裏著不得須彌山，耳裏著不得大海水，莫錯怪別人好！」

——宋·月江正印撰，元居簡編：《月江正印禪師語錄》卷一，《卍續藏》第 71 冊，第 112 頁。

548. 汲耶溪水烹爐峰茶一味

弁山玄素和尚至，引座：「也大奇，也大奇，無情說法不思議。大眾，適才鐵壁生光，花宮發豔，明月向寒崖而照，薰風隨畫舫而來。且道是甚麼人境界？」

舉法華舉到琅琊覺處，因緣乃云：「你看他一賓一主，一抬一搦，發明臨濟家風則不無，怎奈都來是個小家子禪。何似弁山到來，雲門既不問他船來陸來，他亦不道在河下步下，但只喚侍者，汲耶溪水烹爐峰茶一味，促膝抵掌，談笑寒暄而已。且道還是世諦流匝別有佛法？」

良久云：「須知煙浪裏，更有好商量。」

——清・淨斯：《百愚禪師語錄》卷八，《嘉興藏》第 36 冊，第 652 頁。

549. 佛問圓通，如我所證，味因為上

分別味因，從是開悟。蒙佛如來印我昆季藥王藥上二菩薩名，今於會中為法王子。因味覺明，位登菩薩。佛問圓通，如我所證，味因為上。〔註1〕

通曰：「無始劫來，為世良醫，但能知味冷熱，足以療病而已。及事如來，始知知味性，空有俱非，不即不離。夫空有俱非，不即不離，如來藏中，妙明圓心。體本如是，因味開悟，覺明自性，故登菩薩位。彼所云覺者，如來藏中，性味真空，性空真味，清淨本然，周遍法界。即味即覺，即覺即味，此其悟有難以語人者。」

大愚辭歸宗，宗問：「甚麼處去？」曰：「諸方學五味禪去。」宗曰：「諸方有五味禪，我這裡祇有一味。」曰：「如何是一味禪？」宗便打。愚曰：「會也會也。」宗曰：「道道。」愚擬開口，宗又打。

後僧到黃檗舉前話，檗上堂曰：「馬大師出八十四人善知識。問著個個屙漉漉地，祇有歸宗較些子，唯檗深明一味禪。故與歸宗相見，後即用此機接臨濟。濟不契，指往大愚。既見大愚，述三度被打因緣。愚曰：「黃檗為你得徹困，卻來這裡問有過無過。」濟言下大悟，曰：「元來黃檗佛法無多子。」愚搊住曰：「速道速道。」濟從肋下祝三祝，愚托開曰：「汝師黃檗，非干我事。愚方欲展歸宗家風，早被臨濟奪卻。故知濟見處先一頭地。」

——明・曾鳳儀：《楞嚴經宗通》卷五，《卍續藏》第 16 冊，第 835 頁。

550. 虛空有杷柄，無手人能把

示眾，拈拄杖卓一下曰：「細不通風，大通車馬。突出當陽，孰辨真假。虛空有杷柄，無手人能把。跋驢蹋倒摘茶輪，草庵衖下琉璃瓦。」又卓一下。

解夏示眾：「洞山萬里一條鐵，瀏陽一擊百雜碎。雲門關字常現前，翠岩眉毛在不在？」

乃舉拂子曰：「雲門大師來也，還見麼？」擊禪床曰：「一彩兩賽。」

——清・超永：《五燈全書》卷四十三，《卍續藏》第 82 冊，第 96 頁。

〔註1〕此為《首楞嚴經》經文，下為禪家注解。

551. 汝一筐，我一筐，歸來奉獻啞郎當

摻茶，上堂：「趙州吃茶，賓主歷然。溈仰摘茶，體用全彰。座山者裏也不分其短別其長，只要大家齊著力，甘苦一般嘗。撥雲尋鳥道，趁雨上高岡。鎗旗信手拔，滋味逼人香。汝一筐，我一筐，歸來奉獻啞郎當。山鳥山花閒較殺，相呼相喚笑人忙。笑也任他笑，忙也任我忙，熨斗煎來銚不同。」下座。

——清·素：《蓮峰禪師語錄》卷一，《嘉興藏》第 38 冊，第 323 頁。

552. 弟子吃茶忙

一日，眾居士送亡，歸禮謝師。曰：「正恁麼時，且道亡靈向甚麼處去也？」士便喝。

師曰：「快點茶來。」

士無語。

師曰：「伏惟尚饗。」

師別問一居士：「你試道看。」

士曰：「不向和尚道。」

師曰：「為甚麼不向山僧道？」

士曰：「弟子吃茶忙。」

師曰：「何得向茶盞裏躲跟？」

——明·德楷：《山西柏山楷禪師語錄》卷四，《嘉興藏》第 39 冊，第853 頁。

553. 與老僧點茶來

溫州瑞峰院神祿禪師，福州人也，久為瑞岩侍者，後開山創院，學侶依附。師有偈曰：「蕭然獨處意沉吟，誰信無弦發妙音。終日法堂唯靜坐，更無人問本來心。」時有朋彥上座問曰：「如何是本來心？」師召朋彥，彥應諾。師曰：「與老僧點茶來。」彥於是信入。

——宋·普濟：《五燈會元》卷八，《卍續藏》第 80 冊，第 163 頁。

554. 此安樂法也

孫昉，按《尚友錄》，昉字景初，為太醫，自號四休居士。山谷問其說，

對曰：「粗茶淡飯，飽即休；破被遮寒，暖即休；三平二滿，過即休；不貪不妒，老即休。」山谷曰：「此安樂法也。」

　　──清·陳夢雷：《欽定古今圖書集成·明倫彙編·氏族典》卷一百四十七，孫姓部列傳三，第 352 冊，第 6 葉。

555. 我這裡也只是粗茶淡飯

　　問僧：「甚處來？」

　　云：「定州來。」

　　師云：「定州近日有甚奇特事？」

　　云：「某甲到彼，只聞鹽貴米賤，別無奇特事。」

　　師云：「我這裡也只是粗茶淡飯，別無奇特事，你來這裡覓甚麼？」

　　云：「某甲不會，乞師慈悲。」

　　師云：「賴你不會，你若會，我即輸你一半道理。」

　　首座卻問：「適來為甚麼道輸他一半道理？」

　　師云：「賴得你舉，老僧泊合忘卻。」

　　座云：「請和尚說。」

　　師云：「你卻忘前失後，我又忘後失前。」

　　座方去，師喚回云：「恰不得舉著，近日師僧，只說鹽貴米賤，並不將佛法為事。忽然頻頻舉著，喪卻你性命也不難。」

　　師見僧來，便喝。僧云：「好個來由。」

　　師云：「猶要棒吃在。」

　　僧珍重便出。

　　師云：「得能自在。」

　　──宋·悟明：《聯燈會要》卷五，《卍續藏》第 79 冊，第 54 頁。

556. 世上閒人得幾個

　　龍巖真首座，諸方屢聘，高臥不起。嘗作《樂閒歌》，其略曰：「即心是佛，無心是道。萬事但隨緣，自覺身心好。院子從來不要住，便是佛也不要做。律亦不曾持，戒亦不曾破。放行把住總由人，執法修行驢拽磨。要行便行，要坐便坐。也不精進，也不懶惰。一卷三字經，逐日為工課。有時深深海底行，有時高高山頂臥。幾生修得做閒人，肯為虛名被羈鎖。我不輕汝等，從

－287－

他當面唾。百年能得幾光陰，何必強分人與我。貧也不須憂，富也休粗大。閻王相請無親疏，盡付一堆紅焰火。自家作得主宰，終不隨風倒柁。補破遮寒暖即休，淡飯粗茶隨分過。我作《樂閒歌》，自歌還自和。不是閒人不肯閒，世上閒人得幾個。」

——清・超永：《五燈全書》卷五十五，《卍續藏》第 82 冊，第 206 頁。

557. 午後點粗茶

紫梅周云：「同安家風太殺富貴，要且無衲僧氣味。者裏則不然，忽有問如何是和尚家風，但對道：『鬱鬱長松盤翠蓋，林林修竹結青垣。』忽遇客來將何祗待？齋時炊燕麥，午後點粗茶，且道與古人相去多少。」

——清・淨符：《宗門拈古彙集》卷三十七，《卍續藏》第 66 冊，第 215 頁。

558. 參退吃茶

上堂：「汾陽莫妄想，俱眠豎指頭。古今佛法事，到此一時休。休休！卻憶趙州勘婆子，不風流處也風流。」拈拄杖曰：「為眾竭力。」

上堂：「頭陀石被莓苔裏，擲筆峰遭薜荔纏。羅漢院裏，一年度三個行者。歸宗寺裏，參退吃茶。」

上堂：「師子不食殘雕，快鷹不打死兔。放出臨濟大龍，抽卻雲門一顧。」拈起拄杖曰：「雲行雨施，三草二木。」

師崇寧改元十月旦示疾，望乃愈，出道具，散諸徒。翼日中夜，沐浴更衣，趺坐，眾請說法，示偈及遺誡宗門大略，言卒而逝。火葬，焰成五色，白光上騰，煙所至處皆舍利，分骨塔於泐潭新豐。

——清・陳夢雷：《欽定古今圖書集成・博物彙編・神異典》卷一百七十九，僧部列傳五十五・宋六・真淨，第 504 冊，第 10 葉。

559. 粗茶吃一碗

光孝禪師至，上堂。僧問：「象骨巖高人不到，到者須是弄蛇手。稜師備師不奈何，喪身失命知多少？既遇作者到來，未審和尚如何祗接？」

師云：「煮茶山下水，燒鼎洞中樵。」

僧云：「與么則粗茶吃一碗，淡話說兩聲。」

——宋・慧弼：《雪峰慧空禪師語錄》卷一，《卍續藏》第 69 冊，第 248 頁。

560. 吃盞粗茶送出門

日本慈源禪人，歸國請偈：「牧間今年六十八，湖上掩關期養拙。萬緣不掛一絲頭，對客懶饒三寸舌。問吾道，秧田潑綠農誇好。問吾禪，煙林噪晚聲未聞。無端外國人瞞我，插片木頭討甚麼？吃盞粗茶送出門，海山啼斷催歸鳥。」

——宋·自悟：《希叟紹曇禪師語錄》卷一，《卍續藏》第 70 冊，第 408 頁。

561. 去年貧，庫中尚有粗茶三五斤

晚參：「年又盡，歲方新，真薄福，笑難停。去年貧，庫中尚有粗茶三五斤，今年貧，贏得現前三五百雙光眼睛，眼眼相看，面面相呈。既是你知我見，歷歷分明，山僧亦不勞唇費舌，更將閒事叮嚀。但得人情好，吃水也歡欣。」

——清·昇：《天岸昇禪師語錄》卷四，《嘉興藏》第 26 冊，第 678 頁。

562. 人情若好，吃水也甜

天童林野和尚云：「古德烹露地白牛分歲，天童煮透海烏雞過年。不用文武火燒，放下自然頓熟。大眾，烹牛煮雞，二老不妨奇特，爭奈美食不中飽人餐。翠巖者裏無牛可烹，無雞可煮，祇是一味平常粗茶淡飯與大眾分歲。何故？人情若好，吃水也甜。」

——明·真哲：《古雪哲禪師語錄》卷三，《嘉興藏》第 28 冊，第 322 頁。

563. 山茶一兩甌

問：「如何是奪饑人之食？」

師云：「殺人須見血。」

問：「如何是和尚為人處？」

師云：「搬柴普請。」

進云：「便恁麼去時如何？」

師云：「苦痛深。」

問：「不居凡聖者是什麼人？」

師云：「梁朝傅大士。」

進云：「此理如何？」

師云：「楚國孟嘗君。」

問：「如何是學人自己？」

師云：「天寒宜近火。」

進云：「意旨如何？」

師云：「日出好隄陽。」

問：「如何是和尚家風？」

師云：「華從愛惜落，草逐棄嫌生。」

進云：「未審客來，將何祇待。」

師云：「畬田粟米飯，山茶一兩甌。住即隨緣住，不住任遨遊。」

——宋・李遵勖：《天聖廣燈錄》卷二十五，《卍續藏》第 78 冊，第 553 頁。

564. 妄為三昧

《金剛經》云：「世尊，佛說我得無諍三昧，人中最為第一，是第一離欲阿羅漢。世尊，我不作是念，我是離欲阿羅漢。」

六祖曰：「三昧梵音，此云正受，亦云正見。遠離九十五種邪見，是名正見。」

王日休曰：「梵語三昧，亦云三摩地，亦云三摩提。此云正定，亦云正受，乃謂入定思想法也。正定者，謂入定之法，止也。正受者，謂定中所想境界，而受之。非是妄想，故云正受。世人不知此理，乃謂三昧為妙趣之意。故以善於點茶者，謂得點茶三昧。善於簡牘者，謂得簡牘三昧。此皆不知出處，妄為此說也。於此三昧人之中，須菩提為第一。」

——明・洪蓮：《金剛經批註》卷二，《卍新續藏》第 24 冊，第 777 頁。

565. 三盞清泉眾悅樂，一杯甘露自清涼

茶話，西堂出班云：「新戒設茶，特請老和尚普施慈霖。」

師云：「古人道醶茶三五碗，意在钁頭邊，即今意在那裡？」

堂喝一喝。師云：「須知落處好。」乃云：「新戒設普茶，黑豆已生芽。西堂請茶話，買賣兩不賒。那裡是兩不賒處？」

舉溈山與仰山茶次，溈謂仰山云：「終日祇聞子聲，不見子形。」仰撼茶樹。溈曰：「子祇得其用，不得其體。」仰曰：「未審和尚如何？」溈良久。仰曰：「和尚祇得其體，不得其用。」溈曰：「放汝三十棒。」仰曰：「和尚棒，

某甲吃。某甲棒,教誰吃?」溈曰:「放子三十棒。」

師云:「前頭三十棒,富貴千口少。後來三十棒,貧恨一身多。只饒說個不前不後,未許刢圇吞棗。畢竟如何?三盞清泉眾悅樂,一杯甘露自清涼。」

——清‧幻敏:《竺峰敏禪師語錄》卷六,《嘉興藏》第 40 冊,第 267 頁。

566. 信手和杯吞入腹

除夕茶話,維那出班云:「兩序龍象望老和尚慈悲開示。」

師舉茶杯云:「識得山僧這個麼?」

那云:「乞垂法語普施。」

師云:「木人戴草隨言舌,滿座頻傾任量啜。盧仝七碗洵淡濃,振宗一盞愈親切。豐!」乃舉古詩云:「一碗喉吻潤,帶齒黏牙尤滯齦;二碗散孤悶,寂寂惺惺成痾病;三碗肌骨清,癲馬枯椿擊轉深;四碗通仙靈,西出陽關無故人;五碗六碗七碗吃不得也,吸乾滄海實平常,但覺兩腋習習清風生,假饒直入非非想也,則不如歸去來!」

師云:「這般批判,且道是抑揚先哲,激勵後昆耶?」

良久云:「信手和杯吞入腹,百億須彌光熇熇。」

——清‧幻敏:《竺峰敏禪師語錄》卷六,《嘉興藏》第 40 冊,第 267 頁。

567. 飲之喉吻潤,嗉著曝齒牙

上元茶話,堂主問:「今朝正十四,兩堂龍象濟濟,監院大師設茶,特請和尚垂慈。」

師云:「汝須再酌一杯好。」

云:「如何是十五日以前事?」

師云:「燈火焰衝霄,鑼鼓聲鬧市。」

云:「如何是十五日以後事?」

師云:「然燈善逝登華座,琉璃光王鎮寶臺。」

云:「正當十五日,和尚又作麼生道?」

師云:「五百星辰一齊下,空中倒卷長生畫。」

乃云:「雲門餅、趙州茶,飲之喉吻潤,嗉著曝齒牙,面果子攪住線搭,絮米穌餅裹著浪濤沙。鑼鼓聲中含雪曲,燈光影裏協露華,到口休說酸鹹釅淡,坐席勿論你我他。咱個個無倈長者子,大家齊來聽採茶。」

良久云：「從教勝令帶大訝鼓，勿令行香子趁鵝鴨滿渡船。」

——清・幻敏：《竺峰敏禪師語錄》卷六，《嘉興藏》第 40 冊，第 267～268 頁。

568. 相將坡上採茶煮

摘茶，上堂舉溈山與仰山摘茶次，溈云：「終日摘茶，祇聞子聲，不見子形。」仰山撼茶樹。溈云：「子祇得其用，不得其體。」仰云：「未審和尚作麼生？」溈山默然。仰云：「和尚祇得其體，不得其用。」溈云：「放子三十棒。」仰云：「和尚棒某甲吃，某甲棒教誰吃？」溈云：「放子三十棒。」

師云：「撼茶樹也默而然，天左轉兮地右旋。得其用，烈焰爐中飛彩鳳；得其體，鷓鴣啼在深華里。三十棒，三十棒，棒頭有眼明如日，不是真金枉度量。山僧更為頌出：『三月江南春幾許，相將坡上採茶煮。坐久成勞瞌睡來，顧著旁人閒言語。』」

——清・定冽：《溈山古梅冽禪師語錄》卷一，《嘉興藏》第 39 冊，第 789 頁。

569. 好笑兩個老古錐

上山採茶，小參：「趙州祇解吃，溈山祇解摘，好笑兩個老古錐，吃了吐不下，摘了拈不出，都是不唧溜漢。若到東山門下，正好隨群逐隊一齊趁上山去，摘到驢年未肯放你在。何故不見道河裏失錢河裏攏？諸上座，古人分上如是，汝等分上又作麼生？」

一僧出云：「直捷根源佛所印，摘葉尋枝我不能。」

師喚侍者：「點釅茶與者僧吃。」

一僧云：「皮膚脫落盡，唯有諸真實。」

師云：「作座主奴，未許你在。」

僧云：「和尚又作麼生？」

師云：「今不下手，更待何時？」

便掌戴笠就行。

——清・憲：《草峰憲禪師語錄》卷三，《嘉興藏》第 34 冊，第 103 頁。

570. 不覺露槍旗

　　普請摘茶，上堂：「溈仰兩爺兒，採茶機對機。只知呈體用，不覺露槍旗。正值風和日暖，何妨把手同歸。子規啼破已多時。」

　　——宋・妙恩：《絕岸可湘禪師語錄》卷一，《卍續藏》第 70 冊，第 289 頁。

571. 大似吃飯不得，強道不饑

　　次早曰：「昨日公案未圓。」

　　師曰：「仔細說來。」

　　曰：「碗裏飯，甌裏茶，事如何？」

　　師曰：「細嚼味長。」

　　曰：「和尚說道，理即得，若在曹洞宗欠綿密在。」

　　師呵呵大笑曰：「大似吃飯不得，強道不饑。」

　　復曰：「汝曾見甚麼人來？」

　　曰：「和尚不妨疑著。」

　　師打曰：「初生之犢不識虎。」

　　曰：「草皇帝供養諸大善知識，有何功德？」

　　師曰：「天晴日頭出，落雨地下濕。」

　　曰：「即今元皇，向甚麼處安身立命？」

　　師曰：「竹放雲邊浪，松收月下濤。」

　　曰：「此語涉那一宗？」

　　師曰：「梅花滿地草鞋香。」

　　曰：「某甲還京，有問南源佛法，將何詶答？」

　　師曰：「牙齒一具骨，耳朵兩片皮。」

　　——清・德宗：《徑庭宗禪師語錄》卷二，《嘉興藏》第 40 冊，第 51 頁。

572. 倩女離魂，那個是真底

　　僧問：「倩女離魂，那個是真底？」

　　師云：「大眾，看者僧也解恁麼問！」

　　僧問：「大事未明時如何？」

　　師云：「一二三。」

（僧問：）「明後如何？」

師云：「四五六。」

靈泌問：「蓮華未出水時如何？」

師云：「岩下煮茶燒樹葉。」

（僧問：）「出水後如何？」

師云：「澗邊流水散桃花。」

僧問：「某甲參學以來，苦無見處。」

師云：「你要見作麼？」

進云：「也須有個真實見處。」

師云：「幸自可憐生。」

僧罔措。

　　——明‧今釋：《宗寶道獨禪師語錄》卷三，《卍續藏》第 72 冊，第 748
　　　　頁。

573. 一心不生，萬法無咎

師良久云：「山是山，水是水，天是天，地是地。有什麼過？著衣吃飯，
掃地煎茶，東遊西玩，大小便利。有什麼過？但除其病，不除其法。不改
舊時人，只改舊時行履處。作麼生是即今行履處？掬水月在手，弄花香滿
衣。」

　　——宋‧清了：《真歇清了禪師語錄》，《卍續藏》第 71 冊，第 783 頁。

574. 一人鬧浩浩，多人靜悄悄，不如歸堂吃茶好

上堂云：「青蘿蓊緣，直上寒松之頂。白雲淡濘，出沒太虛之中。自十九
至二十三日，萬餘人來此赴會，哄哄地。如今只見老漢，獨自口吧吧地。若道
多人是鬧一人是靜，直是白雲萬里。畢竟如何？一人鬧浩浩，多人靜悄悄，
不如歸堂吃茶好。」

　　——宋‧才良編：《法演禪師語錄》，《大正藏》第 47 冊，第 664 頁。

575. 輕輕擊透祖師關

上堂云：「大眾，傅大士道：『須彌芥子父，芥子須彌爺。山水坦然平，敲
冰來煮茶。』曾聞傅大士乃彌勒大士化身，看他通個消息，不妨著實。山僧今

日土上加泥，亦有個頌子：『須彌納芥不容易，芥納須彌匹似閒。長河攪著成酥酪，輕輕擊透祖師關。』」

　　——宋·紹隆等編：《圓悟佛果禪師語錄》卷八，《大正藏》經第 47 冊，第 747 頁。

576. 沙米一時去

雪竇云：「當時但踏倒茶爐。」（爭奈賊過後張弓。雖然如是，也未稱德山門下客，一等是潑郎潑賴，就中奇特。）

欲知佛性義，當觀時節因緣。王太傅知泉州，久參招慶。一日因入寺，時朗上座煎茶次，翻卻茶銚。太傅也是個作家，才見他翻卻茶銚，便問上座：「茶爐下是什麼？」朗云：「捧爐神。」不妨言中有響。爭奈首尾相違，失卻宗旨，傷鋒犯手。不惟辜負自己，亦且觸忤他人。這個雖是無得失底事，若拈起來，依舊有親疏有皂白。若論此事，不在言句上，卻要向言句上辨個活處。所以道，他參活句，不參死句。據朗上座恁麼道，如狂狗逐塊，太傅拂袖便去，似不肯他。明招云：「朗上座吃卻招慶飯了，卻去江外打野榸。」野榸即是荒野中，火燒底木橛，謂之野榸。用明朗上座不向正處行，卻向外邊走。朗拶云：「和尚又作麼生？」招云：「非人得其便。」明招自然，有出身處，亦不辜負他所問。所以道，俊狗咬人不露牙。

溈山哲和尚云：「王太傅大似相如奪璧，值得鬚鬢衝冠，蓋明招忍俊不禁，難逢其便。大溈若作朗上座，見他太傅拂袖便行，放下茶銚，呵呵大笑。何故？見之不取，千載難逢。不見寶壽問胡釘鉸云：『久聞胡釘鉸，莫便是否？』胡云：『是。』壽云：『還釘得虛空麼？』胡云：『請師打破將來。』壽便打，胡不肯。壽云：『異日自有多口阿師，為爾點破在。』胡後見趙州，舉似前話。州云：『爾因什麼被他打？』胡云：『不知過在什麼處？』州云：『只這一縫，尚不奈何，更教他打破虛空來。』胡便休去。州代云：『且釘這一縫。』胡於是有省。」

京兆米七師行腳歸，有老宿問云：「月夜斷井索，人皆喚作蛇。未審七師見佛時，喚作什麼？」

七師云：「若有所見，即同眾生。」

老宿云：「也是千年桃核。」

忠國師問紫璘供奉：「聞說供奉解注《思益經》，是否？」

奉云：「是。」

師云：「凡當注經，須解佛意始得。」

奉云：「若不會意，爭敢言注經？」

師遂令侍者將一椀水、七粒米、一隻筯在椀上送與供奉，問云：「是什麼義？」

奉云：「不會。」

師云：「老師意尚不會，更說甚佛意。」

王太傅與朗上座，如此話會不一。雪竇末後卻道：「當時但與踏倒茶爐。」明招雖是如此，終不如雪竇。

雪峰在洞山會下作飯頭。一日淘米次，山問：「作什麼？」

峰云：「淘米。」

山云：「淘米去沙？淘沙去米？」

峰云：「沙米一時去。」

山云：「大眾吃個什麼？」

峰便覆卻盆。

山云：「子因緣不在此。」

雖然恁麼，爭似雪竇雲當時但踏倒茶爐。一等是什麼時節，到他用處，自然騰今煥古有活脫處。頌云：

來問若成風，（箭不虛發偶而成文，不妨要妙。）

應機非善巧。（弄泥團漢有什麼限，方木逗圓孔，不妨撞著作家。）

堪悲獨眼龍，（只具一雙眼，只得一橛。）

曾未呈牙爪。（也無牙爪可呈，說什麼牙爪，也不得欺他。）

牙爪開，（爾還見麼？雪竇卻較些子，若有恁麼手腳踏倒茶爐。）

生雲雷，（盡大地人一時吃棒，天下衲僧無著身處，旱天霹靂。）

逆水之波經幾回。（七十二棒翻成一百五十。）

「來問若成風，應機非善巧。」太傅問處，似運斤成風。此出莊子。郢人泥壁餘一少竅，遂圓泥擲補之。時有少泥，落在鼻端，傍有匠者云：『公補竅甚巧，我運斤為爾取鼻端泥。』其鼻端泥若蠅子翼，使匠者斲之。匠者運斤，成風而斲之，盡其泥而不傷鼻，郢人立不失容。所謂二俱巧妙。朗上座雖應其機，語無善巧，所以雪竇道：「來問若成風，應機非善巧。」

「堪悲獨眼龍，曾未呈牙爪。」明招道得也太奇特，爭奈未有拏雲攫霧底爪牙。雪竇傍不肯，忍俊不禁，代他出氣。雪竇暗去合他意，自頌他踏倒茶爐語。

「牙爪開，生雲雷，逆水之波經幾回。」雲門道：「不望爾有逆水之波，但有順水之意亦得。」所以道，活句下薦得，永劫不妄。朗上座與明招語句似死，若要見活處，但看雪竇踏倒茶爐。

——宋·圓悟克勤：《佛果圜悟禪師碧巖錄》卷五，《大正藏》第 48 冊，第 148 頁。

577. 灑肆茶坊，紅塵鬧市

府中歸，上堂：「一出一入，一動一靜。灑肆茶坊，紅塵鬧市，豬肉案頭，驀然築著磕著，如虎戴角，凜凜風生。及乎歸來相見，依舊眉毛烏崒崒地。且道是佛法耶世法耶？記得修山主云：『具足凡夫法，凡夫不知。具足聖人法，聖人不會。』」卓拄杖云：「一不知，二不會，東西南北轉霧霈。」

——宋·了悟等編：《密庵和尚語錄》，《大正藏》第 47 冊，第 967 頁。

578. 煎茶，把針，掃地

師云：「道吾屈折雲岩，如佛果激勵佛鑒，所謂不憤不啟，不悱不發。是他雲岩掃地，道吾閒點檢他。」

雲岩道：「須知有不區區者，好諸仁者爾吃飯。煎茶，把針，掃地。時識取個不區區底，便得世法佛法打成一片。洞上謂之兼帶去，時中自不虛過，道吾便見破綻，道恁麼則有第二月也。」

雪竇別云：「洎合放過，二老人恐人離卻色身別立法身。」

忠國師謂南方禪客曰：「我此間佛性全不生滅，汝南方佛性半生半滅，半不生滅。」

客曰：「如何區別？」

師曰：「此則身心一如，心外無餘，所以全不生滅。汝南方身是無常，神性是常，所以半生半滅半不生滅。」

到這裡須知有個轉身就父底時節。

岩遂豎起掃帚云：「這個是第幾月？」

此語本出《首楞嚴經》。經云：「如第二月，誰為是月？又誰非月？」文殊但一月真，中間自無是月非月。道吾便休去。

有本云：「道吾拂袖便行。」

萬松道：「勘破了也。」

且道是雲岩勘破道吾？道吾勘破雲岩？明眼底試點檢看。

玄沙云：「正是第二月。」

此老子口裏有雌黃，舌上有利劍。長慶雲：「被他倒轉掃箒攔面撼。」又作麼生？沙休去。

羅山云：「噫，兩個老漢不識好惡，雲岩個漢縛手腳。」

——宋·離知、性一錄校：《萬松老人評唱天童覺和尚頌古從容庵錄》，《大正藏》第 48 冊，第 240 頁。

579. 飯後濃煎茶吃了，池邊坐石數遊魚

師行腳時，因僧問：「萬法歸一，一歸何處？」

師云：「出一叢林，入一保社。」

後住山，又問萬法歸一。

師云：「飯後濃煎茶吃了，池邊坐石數遊魚。」

及住救生，又問萬法歸一。

師云：「拆東牆補西壁。」

後住福緣，又問萬法歸一。

師云：「一吃便飽，一屙便了。」

——清·際源撰，了貞輯，達珍編：《正源略集》，《卍續藏》第 85 冊，第 62 頁。

580. 龐蘊玩禪

訪松山和尚，同居士吃茶。居士舉起橐子曰：「人人盡有分，為甚麼道不得？」松山曰：「祇為人人盡有，所以道不得。」居士曰：「阿兄為甚麼卻道得？」松山曰：「不可無言也。」居士曰：「灼然，灼然。」松山便吃茶。居士曰：「阿兄吃茶為甚麼不揖客？」松山曰：「誰？」居士曰：「龐公。」松山曰：「何須更揖！」

後丹霞聞，乃曰：「若不是松山，幾被老翁惑亂一上。」居士聞之，令人傳語丹霞曰：「何不會取未舉棄子時？」

一日，松山與居士看耕牛，居士指牛曰：「是伊時中更安樂，只是未知有。」松山曰：「若非龐公，又爭識伊？」居士曰：「阿師道渠，未知有個甚麼？」松山曰：「未見石頭，不妨道不得。」居士曰：「見後作麼生？」松山撫掌三下。

一日，居士訪松山，見松山攜個杖子，便曰：「手中是個甚麼？」松山曰：「老僧年邁，闕伊一步不得。」居士曰：「雖然如是，壯力猶存。」松山便打。居士曰：「放卻手中杖子，致將一問來。」松山拋下杖子。居士曰：「這老漢前言不符後語。」松山便喝。居士曰：「蒼天中更有怨苦。」

一日，松山與居士行次，見僧擇菜。松山曰：「黃葉即去，青葉即留。」居士曰：「不落黃葉又怎生？」松山曰道：「取。」居士曰：「不為賓主大難。」松山曰：「只為強作主宰。」居士曰：「誰不恁麼？」松山曰：「不是，不是。」居士曰：「青黃不留處，就中難道。」松山曰：「也解恁麼去。」居士珍重大眾。松山曰：「大眾放你落機處。」居士便行。

一日，松山與居士話次，倏拈起案上尺子曰：「還見這個麼？」居士曰：「見。」松山曰：「見這個麼？」居士曰：「松山，松山。」松山曰：「不得不道。」居士曰：「爭得？」松山乃拋下尺子。居士曰：「有頭無尾得人憎。」松山曰：「不是公今日還道不及。」居士曰：「不及個甚麼？」松山曰：「有頭無尾。」居士曰：「強中得弱即有，弱中得強即無。」松山抱住居士曰：「這個老子就中無話處。」

又訪則川和尚，則川曰：「還記得見石頭時道理否？」居士曰：「猶得阿師重舉在。」則川曰：「情知久，參事慢。」居士曰：「阿師老耄不啻龐公。」則川曰：「二彼同時又爭幾許？」居士曰：「龐公鮮健且勝阿師。」則川曰：「不是勝我，祇欠汝個幞頭。」居士拈下幞頭，曰：「恰與師相似。」川大笑而已。

川摘茶次，居士曰：「法界不容身，師還見我否？」則川曰：「不是老僧泊答公話。」居士曰：「有問有答，蓋是尋常。」則川乃摘茶不聽。居士曰：「莫怪適來容易，借問川亦不顧。」居士喝曰：「這無禮儀老漢，待我一一舉嚮明眼人。」則川乃拋卻茶籃，便歸方丈。

一日，則川在方丈內坐，居士見曰：「只知端坐方丈，不覺僧到參時。」則川垂下一足，居士便出，三兩步卻回，則川卻收足。居士曰：「可謂自由自

在。」則川曰：「爭奈主人何！」居士曰：「阿師只知有主，不知有客？」則川喚侍者點茶，居士乃作舞而出。

——清‧陳夢雷：《欽定古今圖書集成‧博物彙編‧神異典》卷二百○七，居士部列傳一‧唐，第 506 冊，第 20～21 葉。

又，《介石智朋禪師語錄》載：

舉則川一日在方丈內坐，龐居士入來，乃云：「祇知端居丈室，不覺僧來參。」時川垂下一足，士便出行，三步卻回，川乃收足。士云：「得恁麼自由自在？」川云：「爭奈我是主人何！」士云：「阿師祇知有主，不知有客。」川喚侍者點茶，士作舞而出。

師云：「主賓相稱，應接酬酢。皆中禮節，居士出行。三步而入，賓禮不苟。則川伸足垂足，主禮亦盡。若論我是主人，豈容上門上戶。要知末後一盞茶落處麼？迎客不如送客。」

——宋‧正賢：《介石智朋禪師語錄》卷一，《卍續藏》第 69 冊，第 802 頁。

581. 新茶嫩筍，總不妨吃茶

茶話：「新茶嫩筍，芳草垂楊。徐步山谷，鐵石心腸。好鳥相喚，其音叮噹。如何白雲，飛來滿床？山下有田，菜麥青黃。山外有屋，煙樹蒼茫。忽來明月，嵐上生光。誰為侍者，松杉兩傍？橫擔拄杖，擊碎空王。正恁麼時，日出東方。如大火聚，今古文章。山泉自流，清聲勿狂。金毛獅子，哮吼高岡。驚走無路，妖怪狐狼。一喝兩喝，佛祖潛藏。無人可伴，靈樹家鄉。長年受用，百結衣裳。佛祖慧命，伶俐兒郎。吾師授受，時刻不忘。呵呵！且道是詩耶偈耶？世諦耶？佛法耶？」

遂舉杯云：「總不妨吃茶。」

——清‧際源撰，了貞輯，達珍編：《正源略集》，《卍續藏》第 85 冊，第 64 頁。

582. 一回飲水一回噎，一瓣栴檀一盌茶

圜悟和尚大祥，拈香指真云：「這個川蠚苴，自來好打哄。鬧處便入頭，惡靜而喜動。前年今日始歸家，今日前年路不差。」乃顧示大眾云：「作麼生是不差底路？要會麼？一回飲水一回噎，一瓣栴檀一盌茶。」便燒香。

——宋‧蘊聞編：《大慧普覺禪師語錄》，《大正藏》第 47 冊，第 812 頁。

583. 點一盞茶，燒一炷香，薰他鼻孔

為圜悟和尚舉哀拈香。指真云：「這老和尚，一生多口攪擾叢林，近聞已在蜀中遷化了也，且喜天下太平。雲門昔年雖曾親近，要且不聞他說著個元字腳。所以今日作一分供養，點一盞茶，燒〔註2〕一炷香，薰他鼻孔。即非報德酬恩，只要辱他則個。」

召大眾，云：「既不聞他說個元字腳，又無恩德可報，何故特地作這一場笑具？還委悉麼？冤有頭債有主，偶因失腳倒地，至今怨入骨髓。」遂燒香。

——宋·蘊聞編：《大慧普覺禪師語錄》，《大正藏》第 47 冊，第 844 頁。

584. 隨處得安閒

僧扇茶次，師問：「唯此一事實，餘二則非真，如何是此事？」

僧云：「學人扇茶。」

師云：「不扇茶時如何？」

僧云：「隨處得安閒。」

師便喝。

——清·昇：《天岸昇禪師語錄》卷十五，《嘉興藏》第 26 冊，第 723 頁。

585. 是這老漢，家常茶飯

當晚小參，舉僧問長沙：「南泉遷化向甚麼處去？」

沙云：「東家作驢西家作馬。」

僧云：「未審意旨如何？」

沙云：「要騎便騎，要下便下。」

師云：「今日或有人問雲門『圜悟老師遷化向甚麼處去』，即向他道『入阿鼻大地獄去也』。未審意旨如何？飲洋銅汁，吞熱鐵圓。」

或問：「還救得也無？」

云：「救不得。」

（問：）「為甚麼救不得？」

（云：）「是這老漢，家常茶飯。」

——宋·蘊聞編：《大慧普覺禪師語錄》，《大正藏》第 47 冊，第 844 頁。

〔註2〕此處原有一「此」字。

586. 偶打翻茶具，瓢子落地跳數跳

法云杲和尚，遍歷諸家門庭，到圓通璣道者會中。入室次，舉趙州問投子：「大死底人卻活時如何？」

子云：「不許夜行，投明須到。意作麼生？」

杲曰：「恩大難酬。」

圓通大稱賞之。後數日，舉立僧秉拂，機思遲鈍，闔堂大笑，杲有慚色。次日，特為大眾茶，安茶具在案上，慚無以自處。偶打翻茶具，瓢子落地跳數跳，悟得答話，機鋒迅捷，無敢當者。

復至真淨處，因看祖師偈云：「心同虛空界，示等虛空法。證得虛空時，無是無非法。」豁然大悟。

後出世時，上堂小參，常謂人曰：「和尚紹聖三年十一月二十一日，悟得方寸禪。」又言：「和尚熙寧三年丈帳，在鳳翔府供申，當年陷了華山一十八州，爾輩茄子瓢子那裡得知。」

——宋·道謙：《大慧普覺禪師宗門武庫》卷一，《大正藏》第 47 冊，第 947 頁。

587. 煮茶山上水，燒鼎洞中樵

上堂〔註3〕：「一喝分賓主，照用一時行。要會個中意，日午打三更。」遂喝一喝，曰：「且道是賓是主？還有分得者麼？若也分得，朝打三千，暮打八百。若也未能，老僧失利。」

因同道相訪，上堂：「颯颯涼風景，同人訪寂寥。煮茶山上水，燒鼎洞中樵。珍重。」

問：「達磨未來時如何？」

師曰：「長安夜夜家家月。」

曰：「來後如何？」

師曰：「幾處笙歌幾處愁。」

問：「一物不將來時如何？」

師曰：「槐木成林。」

曰：「四山火來時如何？」

師曰：「物逐人興。」

〔註3〕潭州石霜楚圓慈明禪師，全州李氏子，少為書生。

曰：「步步登高時如何？」

師曰：「雲生足下。」

問：「古人封白紙意旨如何？」

師曰：「家貧路富。」

問：「如何是祖師西來意？」

師曰：「三日風，五日雨。」

  ——明·居頂：《續傳燈錄》卷三，《大正藏》第 51 冊，第 482 頁。

588. 敲得寒冰煮活茶

照空領葛龍泉眾，士請小參：「梅花未發，謾取影於臨水橫斜，春色如分，任尋芳而乘輿傲岸。此時霜風雖凜，且喜參謁猶多。近鄉金堰更奇特，能問西來意若何。欲指彼庭前柏樹子，恐賺他缺齒老達磨。何似相逢開口笑，敲得寒冰煮活茶。呵呵呵！痛快麼？千古風流屬作家！

  ——明·道盛：《天界覺浪盛禪師全錄》卷六，《嘉興藏》第 34 冊，第 629 頁。

589. 佛祖等視若浮雲

上堂，問：「如何得隨緣任運去？」

師云：「相逢且吃茶。」

進云：「莫便是安身立命處麼？」

師云：「淨地卻迷人。」

乃云：「著玄妙，誠顛倒，菩提涅槃是什麼？真如佛性不堪道，一回舉起一回新，幾度拈來幾度埽。畢竟如何？佛祖等視若浮雲，任運隨緣非所好。」

  ——明·弘瀚：《博山粟如瀚禪師語錄》卷三，《嘉興藏》第 40 冊，第 459 頁。

590. 山僧今日也不說心說性，也不舉古舉今

山僧今日也不說心說性，也不舉古舉今，使個個迥超情解，人人脫略見聞。遇茶吃茶遇飯吃飯，要坐便坐要行便行。所以山僧昔於竺隱嘯月吟風，攜筇緩步，對青山靜聽，濤聲貫耳。今歸永正，鬅頭跣足，養病放憨，消白晝閒，看野色迎眸。有時日影重重，鼻息鼾鼾貪睡穩；有時爐煙嬝嬝，茗香馥馥煮泉清。任他人情迭變，世事多更。蛇吞大象，鼠竭滄溟。然雖如是，且道山

僧今值四旬母難之晨，眾檀護虔請升座，又作麼生施設？

——清·元：《一初元禪師語錄》卷一，《嘉興藏》第 29 冊，第 382 頁。

591. 索茶嗽口，跏趺擲盞而寂

優曇頤和尚，湖廣人，族姓寧，十九投顓愚衡祝髮。後參天童悟和尚，依侍久之。悟一日見師抬石，遽喝云：「翻轉石頭來。」師於言下有省。悟深然之。次日辭去，結茅深隱。後住靜江都，參徒日集，師終不自肯，口喃喃梵唄不歇。凡有請教，皆叱之曰：「參方去。」

康熙壬子五月朔，示微疾。至初八日，命諸參徒入室，問：「汝等還知老僧去處麼？」恩侍者云：「月明照見夜行人。」師云：「套語。」進云：「師意如何？」師云：「壬寅年不生，壬子年不死。汝再道看。」進云：「壬寅年卻生，壬子年卻死。」師振聲大喝云：「得恁麼塗污老僧？」進云：「畢竟如何？」師示偈云：「咫尺雲程九十州，腳跟任意把拳揉。門前柳色開金眼，檻外諸峰笑點頭。」

偈畢，問：「甚麼時候了？」侍云：「午矣。」師乃索茶嗽口，跏趺擲盞而寂。

——清·聶先：《續指月錄》卷二十，《卍續藏》第 84 冊，第 155 頁。

592. 天目雲門草屋間

自獅岩大木既拔，群棲既舉，隨所飄而西東，不復集矣。余亦追蹤船子至華亭，延緣既久，新識日多，惟十年前山中故人相尋者絕少。忽小廬山安友石來，始見若不相識，詢其名乃喜且驚。復出足下書，又增驚喜。問某人某人則皆為古人矣，遂又為之歎且悲也，歲月幾何，少者長老者亡。吾與公年相若，而幸未死，則又拓落阻絕，一見良難。翻思天目雲門草屋間，拾枯松，挑野菜，煮泉坐石，笑傲人世，夜則青燈對床，深入禪定，悠然道聚之樂。今如夢如響，不可得而追矣。審足下為鄉井留，涉世緣而不染，此所謂佛法世法打成一片，礙無礙境迥然超越，豈小力量者所能及耶？又審令徒遠歸，則受業之簀可息肩矣，但未知義海何時能扣吾門，使吾喜且驚乎？世緣雖曰不礙，終以撥置為高。古者云：「出得荊棘林，還你是好手。」敢恃道術相忘，臨書三囑。

——元·善遇錄：《天如惟則禪師語錄》卷七，《卍續藏》第 70 冊，第 816 頁。

593. 嚼飯個個充饑，吃茶人人止渴

上堂：「熱處盡愛乘涼，寒時俱願向火。嚼飯個個充饑，吃茶人人止渴。從上佛祖遞代相承，究竟到極則處，莫不是日用尋常活計。祇如雪峰將三個木球輥出。又作麼生？井畔梧桐飄一葉，山頭數片是秋雲。」

——清‧淨範：《蔗庵范禪師語錄》卷六，《嘉興藏》第 36 冊，第 920 頁。

594. 大家坐吃茶，幾個打濕嘴

示眾云：「夜夜抱佛眠，朝朝還共起。大家坐吃茶，幾個打濕嘴。」復左右顧視云：「有麼有麼？」時西堂將茶驀麵與師一潑，師走起問訊，云：「大眾謝茶。」便歸方丈。

——清‧海明：《破山禪師語錄》卷六，《嘉興藏》第 26 冊，第 24 頁。

595. 有無俱透脫

中秋上堂，舉古德偈云：「人有心看月，月無心照人。有無成一片，方始得惺惺。」師云：「古人恁麼道理上則有餘，事上猶不足。山僧亦有一偈也，只是自己語喜得，事上也著，理上也著。今夜茶果艱難持作一分供養。人有心看月，月無心照人。有無俱透脫，光明觸處生。」下座。

——清‧尼玄總：《寶持總禪師語錄》卷一，《嘉興藏》第 35 冊，第 708 頁。

596. 任他人世亂如麻

重陽晚參：「擬向高高山頂立，俗氣未除。擬向深深海底行，圖個甚麼？茱萸酒，菊花茶，落帽當年笑孟嘉。爭似山僧都不管，任他人世亂如麻。」

——清‧尼玄總：《寶持總禪師語錄》卷一，《嘉興藏》第 35 冊，第 708 頁。

597. 奠茶湯

恕中慍禪師為徑山南楚和尚茶：「龐公舉橐，仰山撼樹。二大老各展旗鎗，殺活自在，到我堂頭和尚面前總用不著。何故？萬仞龍門，鳥飛不度。」

南石琇禪師為江心澤中洲茶：「見了幻而悟無生是第二機，向江心而啟密室是第三首，且作麼生是第一機？鞏縣茶瓶兩個觜。」

為前僧錄司左善世蘧庵和尚茶：「轉無上法輪於吳中，如日當午罄無側影。提毗盧正印於輦下，猶風吹水自然成文。鎔凡鍛聖只在剎那，入死超生如同

遊戲。大眾，還知蘧庵和尚平生妙用處麼？縱橫手面與人別，拈出蒿湯便是茶。」

——清‧行悅：《列祖提綱錄》卷三十，《卍續藏》第 64 冊，第 233 頁。

598. 個杯茶几人吞吐得下

師在塔頭同野潛、居寧、運機三大師圍爐，行者以手過茶，遂戲之曰：「個是一夥不上臺盤的漢。」因而為題，各各衝口說法。師云：「阿哥不上臺盤，諸弟何由見客？大丈夫豈肯畏刀避箭，一齊推向堂前播弄一場家醜？」舉盞云：「個杯茶几人吞吐得下？若非咽喉龍侗、舌覆梵天的漢子，鮮能知味。」遂撲碎盞子。

——清‧上睿：《北京楚林禪師語錄》卷二，《嘉興藏》第 37 冊，第 538 頁。

599. 各見一邊

上堂，舉白雲示眾云：「金蕊叢叢帶露新，採來烹茗賞佳辰。浮杯何必須宜酒，但有清香自醉人。」

開福道：「白雲老人大似巧媳婦做出無面餺飥，惜乎知味者少。」開福效顰亦有一偈：「重陽黃菊未成花，落帽無勞憶孟嘉。但得青山長在眼，不妨流水去無涯。」

師云：「白雲開福大似徐六擔板各見一邊，徑山見處也要諸人共知。時移節換是尋常，過了重陽又一陽。人事自生今日意，黃花只作去年香。」

——清‧行悅集：《列祖提綱錄》卷四十一，《卍續藏》第 64 冊，第 303 頁。

600. 默時說，說時默

法源禪人設茶，請示眾。

以如意畫圓相云：「眾兄弟看看，此乃萬法之源，眾靈之宅。不可以空空，不可以色色。包法界而非寬，入微塵而非窄。然則有渠不得，無渠不得。名渠不得，狀渠不得。向渠不得，背渠不得。取渠不得，捨渠不得。」

良久云：「默時說，說時默，大施門開無壅塞。無壅塞，青山青，白雲白。白額尾巴焦烏龜，眼睛赤，好消息，明中坐舌頭，暗裏抽橫骨。今夜法源上人設茶，偶而話及。若也知端的，夜半金烏出。還有知端的者麼？出來相見看。」

僧問：「如何是萬法之源？」

師云：「生鐵如意被蟲蛀。」

進云：「徹法源底一句作麼生道？」

師云：「默時說。」

進云：「萬古碧潭空界月，再三撈摝始應知。」

師云：「說時默。」

——明·淨癡、本致輯錄：《象田即念禪師語錄》，《嘉興藏》第 27 冊，
第 160 頁。

601. 飲茶不濕口

龍淵古燈，法兄真前設奠，拈香畢，（云：）曹山酒到即不點，金牛飯點
即不到。愚弟今日舊款重拈，也須知吾兄飲茶不濕口，嚼飯不動齒。若謂藏
身處，沒蹤跡，面貌儼然，沒蹤跡處莫藏身，塡音滿耳茲者，聊申葵藿特表微
誠，且道吾兄還受也未？」喝一喝，云：「定法不是法。聖感喬侖禪師塔前，
上供本來自性天真，通身了無影跡，踏翻華藏世界者邊，那邊不立，恭惟聖
感堂上喬侖法侄，大和尚聲和響順之時，急流勇退入大寂滅海，闔國人追不
再來，衛花百鳥難尋覓，大悲。今日無以表懷，一盞茶，一爐香，聊申昔愛。」
乃插香云：「不是黃檀並紫柏，寒香陣陣透西山。」

——清·機善等編：《大悲妙雲禪師語錄》卷六，《嘉興藏》第 38 冊，第
475 頁。

602. 啜茶書偈而化

法師擇卿，天台人，天資聰敏，博學強記，受教於上竺慈辯。嘗曰：「四
明旨意吾已得之，唯起教觀信之未及。然不敢不信也。」初主車溪壽聖（車溪
屬三州四縣，東為秀州崇德縣，唐時名青鎮、古塔。元祐二年，初建壽聖院，
請師開山。高宗朝改廣福。），未嘗屈節豪貴。聚徒三百，施者自至。年三十
後，即廢卷禪坐，晚居車溪。每遇講演，但令侍者日供講帙，辯說如流，聽者
說服。

慧解曇應領徒三十人至車溪，值說無量義經。聞舉難云：「妙樂有云：『能
生一實法華異名，所生無量為法華序。』不知能生一實，是隔偏之圓，即偏之
圓，所生無量，是同體之權，異體之權。」

應語同行曰：「此師言有典刑，足堪問道。」即求依止。

有不循規者，悅眾以聞，詢其名則指言朋觀二師。師曰：「此二人教門大才也，弗之問。」嘗夜坐方丈，聞廊廡有天樂聲，遣人跡之，聲出朋師房。師附壁隙窺之，見朋觀數輩於燈前戲，舉手作無聲樂。師益異之。

平時喜茶，臨終之頃，謂門人曰：「晨鐘鳴即來報。」至時啜茶一甌，書偈而化。時大觀二年仲冬也，塔於院南芙蓉蒲。

——宋·志磐：《佛祖統紀》卷十，《大正藏》第 49 冊，第 222 頁。

603. 啜茶言別而化

如寶，受業雪川覺華，因聞自昔珍禪師夢設浴往生事，遂發心。開長堂浴二十年，及建立佛像願求往生。年八十一，請眾啜茶言別。遽聞鐘鳴一聲，眾皆驚異，即向西跏趺合掌凝望而化。

——宋·志磐：《佛祖統紀》卷十，《大正藏》第 49 冊，第 280 頁。

604. 曉吃杯茶，坐脫去了

然宗門事，把住也繇我，放行也繇我。有時作賓，有時作主，有時賓主齊彰，有時賓主雙忘。此乃臨濟家機用，人天莫測，庸人豈得知也。還雙徑，禾城道俗，以東塔禪林，堅致於公，公為笑留。名緇貴素，日遶枝藜。公眼幻青白，眾益心驚。晚住雲門，公年七十有六矣，機用益峻，精神益勁，嘗自號曰青獅翁，或稱語風老人，又曰迦那尊者。每攜童子山遊，人見訪，或打觔斗。人擬議，叱退之。雛禪竊論公弗恤也。順治丁亥中秋，謂弟子曰：「古人立化的也有了，坐亡的也有了，至倚杖倒卓都有了。畢竟老人，怎生去好！」語訖大笑，書片紙曰：「小兒曹，生死路上須逍遙。皎月氷霜，曉吃杯茶，坐脫去了。」乃入寢室，憨臥數日，忽起坐，索茶而啜，連唱雪花飛之句，擎杯脫去。世齡七十七，瘞全身於雲門。

——清·自融：《南宋元明禪林僧寶傳》卷十五·雪嶠信禪師，《卍續藏》第 79 冊，第 654 頁。

605. 屏諸穀食，日飲茶二甌，以待往生

馬榮祖，字寧良，浙江秀水人，少能文，弱冠補諸生，父母早逝，事繼母甚謹。年三十，得咯血疾。又五年疾甚，進食輒吐。有僧祥峰者，未出家時，與榮祖暬。及是參學還，宿慧頓開，信解通利。榮祖心異之，語及卻病方。祥

峰曰：「子病殆非藥石所能療，子能放下萬緣，觀佛念佛，日久功深，坐斷無明。無量劫來，生死重病，直下解脫，復何身病之患乎？」榮祖瞿然有省，遂長齋修淨業。

病良已，先是夜夢虛空中湧出壽字，不可算數，光明爛然。已而閱梵書，云阿彌陀，一名無量壽，亦名無量光，適與夢符。益自喜以為宿緣在是矣。尋讀《六祖壇經》，默契法原，愧悔交切。後詣山陰大覺林，受三歸五戒，日持佛名三萬，《阿彌陀經》《金剛經》各一周，兼修淨觀。暇輒邀諸梵侶，晝夜課佛名。

其年正月下旬，自蘇歸，閱月病作。三月初，臥床不能起。謂所親曰：「我從三十五歲發菩提心，唯求嚴淨佛土，利益眾生。雖卿相之榮，視同敝蹤矣，今即沉屙在體，然一念歡喜心，未曾少變。庶幾臨終正念，直往西方耳。」

或問：「數口嗷嗷，何以善後？」

曰：「此有天焉，非吾所及也。」

至十八日。晚云：「明日要大懺悔，晨起搭衣禮佛，向西端坐，誦阿彌陀佛名數百，及雲棲發願文，盡炷香。」乃就寢，又三日云：「三聖現前為我說法，我常在大光明中。」其明日又云：「菩薩以淨水沐我，洗我夙垢，頓獲清涼，樂不可言。」

向晚，有友沈鴻調來視，問念佛否。曰：「念。」鴻調曰：「不可著相。」曰：「即心即佛，何著之有？」遂屏諸穀食，日飲茶二醆，已而唯飲淨水者二日。方向午，謂家人曰：「佛來迎我。」連舉阿彌陀佛，右脅而逝。

——清·胡珽：《淨土聖賢錄續編》卷二，《卍續藏》第 78 冊，第 328 頁。

606. 吃一杯茶，坐脫去也

宗弟少司徒顒庵云：「少時聞太常公言，在徑山親見雪嶠禪師將入涅槃，召集大眾升座，說法竟，呼茶，茶至笑謂眾曰：『吃一杯茶，坐脫去也。』置茶碗而寂。」

——清·王士禎：《居易錄》卷二十八，第 13 頁。《四庫全書》子部·雜家類，第 869 冊，第 661 頁。

607. 好了好了，機緣到了

翁〔註4〕亦覺自喜。一日遠出，有生平最珍惜古董玩好為大兄蕩去，親友

〔註 4〕天界覺浪盛禪師之父存三翁元梵居士。

驚之曰：「此番乃翁歸，當深避之，無觸傷天性也。」及翁歸聞之。忽叫曰：「好了好了，機緣到了。」人訝之。翁曰：「我一生每遇功名事業，將湊手忽然斷去，每與人結交，至密處忽然反去，每遇玩好恩愛事，忽然奪去。我浪長老說，不特世間恩愛當自斷，即佛祖秘密如生死冤家亦須與他開交，方有自由分。今日事事皆來斷我，不待我去斷他。使我去斷，何時得斷。今日乃知，冤家是我恩人也。我方整頓明年要往雲南四川作何勾當，不賴此一斷，與他做奴才也做不了自己，拋身命在何冤井不知也！何幸如之。」

翁嗜茶，日夕烹不離手。嘗曰：「盧仝茶歌曰『白花凝光浮碗面』，此得《茶經》之妙。又曰『紗帽籠頭自煎吃』，此非親手烹煎何能得此水火之候乎？」知交甚多，獨與柯賓明、戴今梁、鄒愚谷甚密，在西湖與界山、德宗二法師相契洽。

初會東苑和尚於會心園，語意不投，謂其太僻，做善知識須是大通人情而心亦敬之，最皈命者獨是壽昌老和尚。嘗曰：「我雖未見聞其為人，真踞地師子吼也。」及雲門湛和尚入閩，於夢筆快談。門大稱曰：「使翁早年參禪，真有驅耕奪食之手，今尚未老也。」明年，丁卯少有恙，邀黃心鏡諸公到家。曰：「此回別去也。」心鏡曰：「存老生平得力全在此時，百尺竿頭須進一步。」翁笑曰：「老老大大，作遮個話在。」鏡曰：「畢竟如何？」翁曰：「莫寐語，看取日頭尚高否？」乃拱手就枕而寂。諸公屏息久之，無不感者。

時師在建州，及追歸乃三七日也，師母早喪，有繼母繼子同一居，兄弟親屬問其家事者。師曰：「天地既復墜，尚問山海草木乎？」極力止兄弟：「爾各有家，何必更問此？」因而對靈奠曰：「九九雲飛，三三鳥度，英雄語，不欺人。驀地呼來，病去打鼓。驚起夢蝶，摘得楊花栩栩。六月山房冰煮茶，自笑龐公是作家，百尺竿頭呵看日，鐵船水上唱三巴。」

——明·大庚、大斧等編校：《天界覺浪盛禪師全錄》卷十六，《嘉興藏》第 34 冊，第 683～684 頁。

608. 童子亦執茗立化

如觀禪師，披剃於漢中，精嚴寺海東和尚之大弟子也。善禪定，釋子皆宗之。欲示寂，令童子煮茗。既熟次，中路而師已寂，童子亦執茗立化焉。

——清·劉於義等：《陝西通志》卷六十五，第 29～30 頁。《四庫全書》史部·地理類，第 554 冊，第 954 頁。

609. 一日與眾禪人茶話，忽然擲盞合掌，別眾而逝

揚州素庵田大士，世為江都名族。以弟子員，屢試不第，遂一意空宗，猛力參究。時何密庵太守，唱道東南。士為入室高弟，鉗錘久之，頓付心印。士乃手握竹箆，勘驗僧徒。四方來學，無不仰素庵為現在古佛，通國稱田大士而不名。僧問：「補陀路向什麼門出？」士曰：「上座即今從什麼門入？」僧曰：「抑勒人作麼？」士曰：「看腳下。」僧抬頭進前三步。士曰：「錯。」僧便退後三步。士曰：「且道，是你錯？是我錯？」僧曰：「未舉已前，早知錯了也。」士曰：「正好吃棒。」僧無語。士曰：「若到諸方，分明舉似。」

示眾：「近來篤志參禪者少，才提個話頭，便被昏散二魔纏縛。殊不知，昏散與疑情，正相對治。信心重，則疑情必重。疑情重，則昏散自無。」

示眾：「大海不宿死屍，虛空不著五色，火聚不藏蚊蚋，無住法中不立迷悟。如今參禪的，將光影門頭自相覆卻，入地獄如箭射。」

示眾，舉：張九成居士謁善權清禪師，問曰：「此事人人本具，個個圓成。是否？」清曰：「然。」士曰：「因甚某甲無個入處？」清出袖中素珠示之。士俯仰無對。清復袖之曰：「是汝底拈取去。才涉思惟，即不是汝底。」士悚然。一夕如廁，究柏樹子話，忽聞蛙聲，即有契入。今日舉揚個事，汝諸參學人，切莫作談玄說妙會，亦莫作思惟卜度會，到那及時及節去處，自然囝地去也。且道，時節一句，又作麼道？

僧誦經次，士問：「誦什麼經？」曰：「《法華》。」士曰：「《法華經》六萬字，那個字有眼？」僧罔措。士便打。僧入門便拜，士喝快走。僧再拜，士曰：「你討什麼碗？」僧喝。士便掌。

士居城之田家巷，以宅為庵，四方參扣之士，日擁座下。一日與眾禪人茶話，忽然擲盞合掌，別眾而逝。

——清·超永：《五燈全書》卷五十八，《卍續藏》第 82 冊，第 234 頁。

610. 幸自非言，何須甌茶

鑫上座，離臨濟參德山。山才見，下禪床作抽坐具勢。師曰：「這個且置，或遇心境一如底人來，向伊道個甚麼？免被諸方檢責。」山曰：「猶較昔日三步在，別作個主人公來。」師便喝。山默然。師曰：「塞卻這老漢咽喉也。」拂袖便出。（溈山聞舉曰：「鑫上座雖得便宜，爭奈掩耳偷鈴。」）

到百丈，茶罷。丈曰：「有事相借問得麼？」師曰：「幸自非言，何須甌茶。」丈曰：「與么則許借問？」丈曰：「收得安南又憂塞北。」師擘開胸曰：「與麼不與麼？」丈曰：「要且難構，要且難構。」師曰：「知即得，知即得。」（仰山曰：「若有人知得，此二人落處，不妨奇特。若辨不得，大似日中迷路。」）

——宋·超永：《五燈全書》卷二十一，《卍續藏》第 81 冊，第 606 頁。

611. 我常欲作驢身

上堂云：「四山霧起，大地黯黑，日月收光。正當與麼時，如何辨主？」良久，拍禪床，下座。

師浴出，僧問：「三身中，那身澡洗？」師云：「困。」

送亡僧，歸吃茶次。問：「亡僧遷化向什麼處去？」師云：「風搖樹響，葉落歸根。」學人良久。師云：「會麼？」云：「不會。」師乃澆茶三滴。問：「如何得人身去？」師云：「我常欲作驢身。」

——宋·賾藏：《古尊宿語錄》卷九，《卍續藏》第 68 冊，第 54 頁。

612. 飲光正見，為甚麼見拈花卻微笑

洪州大寧道寬禪師。僧問：「飲光正見，為甚麼見拈花卻微笑？」師曰：「忍俊不禁。」問：「丹霞燒木佛，院主為甚麼眉須墮落？」師曰：「賊不打貧兒家。」問：「既是一真法界，為甚麼卻有千差萬別？」師曰：「根深葉茂。」僧打圓相曰：「還出得這個也無？」師曰：「弄巧成拙。」問：「如何是前三三，後三三？」師曰：「數九不到九。」問：「如何是佛法大意？」師曰：「點茶須是百沸湯。」曰：「意旨如何？」師曰：「吃盡莫留滓。」

有僧造師之室，問：「如何是露地白牛？」師以火箸插火爐中，曰：「會麼？」曰：「不會。」師曰：「頭不欠，尾不剩。」

師在同安日，時有僧問：「既是同安，為甚麼卻有病僧化去？」師曰：「布施不如還卻債。」

上堂：「少林妙訣，古佛家風。應用隨機，卷舒自在。如拳作掌，開合有時。似水成漚，起滅無定。動靜俱顯，語默全彰。萬用自然，不勞心力。到這裡喚作順水放船。且道逆風舉棹，誰是好手？」良久曰：「弄潮須是弄潮人。」喝一喝，曰：「珍重。」

上堂：「無念為宗，無住為本。真空為體，妙有為用。所以道，盡大地是真空，遍法界是妙有。且道是甚麼人用得？四時運用，日月長明。法本不遷，道無方所。隨緣自在，逐物升沉。此土他方，入凡入聖。雖然如是，且道入鄉隨俗一句作麼生道？」良久曰：「西天梵語，此土唐言。」

——宋・普濟：《五燈會元》卷十二，《卍續藏》第 80 冊，第 248 頁。

613. 看來不過一頓家常茶飯耳

萬曆改元癸酉，予二十八歲。春正月，往遊五臺。先求清涼傳，按蹟遊之。至北臺，見有憨山事甚佳。因問其山何在，僧指之，喜奇秀，默取為號，詩以志之。有遮莫從人去，聊將此息機之句。以不禁冰雪苦寒，遂不能留。復入京，東遊乞食，至盤山千像峰，見一僧不語，予亦不問。即將相與拾薪汲水，行乞過夏。汪司馬以書訪之，曰：「恐公作東郊餓夫也。」及秋，復以嶺南歐楨伯，先數年未面寄書，今為國博，急欲見予，故歸耳。（不語僧一見，汪伯玉司馬再見，嶺南歐楨伯國博一見。）

徵閱名山志云：五臺龍門有山，秦始皇鞭石成橋，渡海求神仙時，鞭此山不動，因呼曰憨山。不禁苦寒冰雪，正照顧前，清涼冰雪現境。及與雪浪不禁苦寒話頭，隱躍寄意。不語僧一事，顒公所作傳，載之特詳。云：「師與妙峰再遇燕都，期同上五臺山住靜。時妙師為山陰王請藏經未起，師居汪司馬南溟私館。久之，隨喜盤山，登盤山頂。傍一石岩，內一隱者，灰頭土面。師作禮，絕不照應，問亦不語。師知非常人，亦同默坐。少頃，隱者燒茶，唯取一杯自飲，師亦取一杯自酌飲。茶竟，隱者還茶具於原處，端坐如故，師亦如之。少選，隱者炊飯，飯熟，置之坐前，唯取一椀一箸自食，師亦取一椀一箸同食。飯罷，又端坐如故，師亦如之。夜中，隱者出岩外經行，師亦隨之，第東西各步。明日，師知茶時烹茶，飯時煮飯，隱者同師飲啜，入夜經行亦爾。如是一七，隱者方問師曰：「仁者何來？」師曰：「南方來。」隱者曰：「來此何為？」師曰：「特訪隱者。」隱者曰：「隱者面目如此，別無奇特。」師曰：「進門早已看破了也。」隱者笑曰：「我住此岩三十餘年，今日始遇一個同風。」留師住。師亦忘返。一夜，師經行，忽然頂門響一聲，轟如乍雷，山河大地，身心世界，豁然頓空，境非尋常目前空可喻。如是空定，有五寸香許，漸覺有身心，漸覺腳下踢實，開眼漸見山河大地，一切境相，還復如故。身心輕快，受用亦無可喻。舉足如風輕，歸岩中，隱者曰：

「今夜經行，何其久耶？」師具告所得境相。隱者曰：「此色陰境耳，非是本有。我住此巖三十餘載，除陰雨風雪，夜夜經行此境，但不著，則不被他昧卻本有。」師深肯其語，作禮謝教。

師在盤山久之，妙師藏經起，向汪公詢師何往，公即遣使登盤山頂覓師問。在巖中見師，述主人妙師相候之切。師乃拜辭隱者，戀戀不忍別，無奈宿約何耳。隱者送師，淚如噴珠，行至半山方轉。

師還京，妙師汪公迎師，笑曰：「回何遲耶？」師具陳巖上因緣。公曰：「如是，則吾師住山已竟。」師曰：「猶是途路邊境界耳，公與妙師相視大笑。」

噫嘻，如許奇特示現，憨祖生平所遭，不知幾何，難以筆舌盡。即此顯公所載，盤山實錄，累六百言，可謂莫大因緣。譜中只以盤山千像峰，一僧不語，相與拾薪汲水，行乞過夏，詞組了之，看來不過一頓家常茶飯耳。奇境可戀，捨之即行，雖因妙師宿約，亦不願作二乘人，獨了漢也。顯公作傳之功，以此一節公案為最。

——明・福善、福徵編錄：《憨山大師年譜疏注》卷上，見中華電子佛典協會（CBETA）所編之《大藏經補編》第 14 冊。

614. 視地獄如四禪天樂底人，你還念他否

問僧：「難難難，是遣情難。情畢竟作麼生遣？」

僧云：「識得不為冤。」師云：「未識時如何？」

僧云：「急須揮劍。」

師云：「上座犬似識者。」

僧掩耳出。

師云：「未動腳跟，早吃三十拄杖。」

問僧：「念地獄苦，發菩提心。菩提心作麼生發？」

僧云：「念地獄苦。」

師云：「視地獄如四禪天樂底人，你還念他否？」

僧云：「吃茶去。」

師云：「寒山逢拾得，拍手笑呵呵。」

僧云：「嘎。」

師云：「咦。」

侍者云：「白璧本無瑕，雕文恐喪德。」

師云：「白璧呈看，者和南。」師云：「瑕生也。」

——明·弘瀚：《博山粟如瀚禪師語錄》卷五，《嘉興藏》第 40 冊，第 465
頁。

615. 依舊青天白晝

參楚山，山曰：「大德從甚麼處來？」

師曰：「六頂山。」

曰：「我聞六頂好茶，是否？」

師曰：「與此間不異。」

山曰：「如何是此間底？」

師曰：「只者是。」

山曰：「是何滋味？」

師曰：「不堪承奉。」

山曰：「試將來看。」

師作獻茶勢。

山曰：「此是風力所轉，終成敗壞。離卻動靜，別道一句看？」

師乃觸禮一拜。

山曰：「甚麼法諱？」

師曰：「昌雲。」

山曰：「道號甚麼？」

師曰：「隱山。」

山曰：「雲在山中隱，如何又出山？」

師曰：「只因夜來鶴，帶過上頭關。」

山曰：「或為霖雨時如何？」

師曰：「遍布寰區。」

山曰：「忽被猛風吹散時如何？」

師曰：「依舊青天白晝。」

山笑之。

——明·淨柱：《五燈會元續略》卷四，《卍續藏》第 80 冊，第 520 頁。

616. 須是一回痛飲

小參：「都監今夜設茶座，元不勝虔請，既然一眾臨筵，須是一回痛飲。飲則任君飲，啜則任君啜，須是知些滋味始得。所以古人道：『人莫不飲食，鮮能知味也。智者過之，愚者不及，唯我衲僧家又且不然，無論智與愚，強與弱，信手拈杯，無不快樂。且作麼生是快樂底句？』遂舉杯云：『大眾見麼？有意氣時添意氣，不風流處也風流。』」

——清‧通奇：《林野奇禪師語錄》卷五，《嘉興藏》第 26 冊，第 642 頁。

617. 你來遲了，茶杯也沒有

聞天台密雲悟和尚赴金粟請，師懷香詣金粟參悟。悟問：「那裡來？」師曰：「雲門。」悟云：「幾時起身？」師曰：「東山紅日出。」悟云：「東山紅日出，與汝甚麼相干？」師曰：「老老大大，猶有者個語話。」悟云：「我既如此，你者許多絡索又是那裡來？」師喝一喝，便出。

次日，同石車和尚進方丈，悟命坐裏首。師曰：「昨日走得，今日走不得了。」悟云：「作賊人心虛。」師云：「是賊識賊。」悟領之。少頃，悟翹一足云：「喚作腳則觸，不喚作腳則背。你喚作甚麼？」師曰：「婆婆原是小新婦。」悟云：「饒你道得是，我只不肯你。」師曰：「用肯作麼？」便出。

一日，猛雨轟雷，悟出堂示眾云：「假饒雷來打我，汝等如何支遣？」一眾下語不恰。師曰：「要遣作麼？」悟便歸方丈。

悟一日落堂，眾集久之，悟惟默然。師問：「正恁麼時如何？」悟云：「你可到恁麼地否？」師震威一喝。悟便打。師連喝兩喝。悟云：「你再喝兩喝看。」師推倒禪床，拂袖便行。悟追上驀頭一棒。師曰：「恁麼為人，要瞎卻天下人眼在？」悟舉三聖因緣未畢，師又喝一喝。悟咦一聲，出法堂去。

至夜，師進方丈，作禮云：「今日觸忤和尚。」悟云：「屈打你。」師喝一喝便出。悟趕至門外云：「我倒不恁麼，你倒恁麼。」

悟室中延茶，師赴稍遲。悟藏過茶杯云：「你來遲了，茶杯也沒有。」師將悟前茶杯舉起云：「者不是？」悟笑之，乃出其杯。

命西堂職，一日，與悟相遇。悟云：「好新鞋，與汝踏些泥。」師倒與悟一踏。傍僧云：「和尚也好頑。」悟云：「雙獅距爪，你作頑會！」

師入室，悟向師面連打兩噴嚏，師與一推，悟拈拄杖出方丈。師曰：「者

老賊又恁麼去也？」侍者寮留師吃茶，悟復來，顧師。師曰：「者老賊又恁麼來也？」悟便臥侍者榻上。師便向悟背撫一掌云：「裝死賣活作麼？」便出。

叢林公論，當仁不讓於師，惟師有之。丁卯春，悟書曹溪正脈來源一紙付師，師受之。辭悟，出山寓苕溪福山。崇禎己巳秋，受嘉禾東塔請，入院闡揚，全提正令，龍象扣擊，聲譽日隆。庚午，金粟悟和尚專使送法衣至，師上堂云：「大庾嶺頭提不起，雞足山前成滯貨。山僧今日獲一披，如云普覆華王座。」

——清·印正撰述：《破山禪師語錄》卷二十，《嘉興藏》第 26 冊，第 92 ～93 頁。

618. 踏翻生死海，靠倒涅槃城

碧峰和尚闍維奠茶：「五臺山拾得來，誠非凡種。關西子沒頭腦，卻是靈根。惟茲一味清茶，蕩滌眾生熱惱。只如則川拋下茶籃，仰山撼動茶樹。畢竟明甚麼邊事？」度盞云：「踏翻生死海，靠倒涅槃城。」

——明·袾宏輯：《皇明名僧輯略》，《卍續藏》第 84 冊，第 372 頁。

619. 白髮老僧常入定

元旦秉拂：「形跡未露，獵犬難尋。頭角既彰，不可放過。還有不放過者麼？」

問：「趙州茶雲門餅即不問，如何是正中偏？」

師云：「千年古井發祥煙。」

問：「如何是偏中正？」

師云：「白髮老僧常入定。」

問：「如何是正中來？」

師云：「脫殼烏龜上天台。」

問：「如何是兼中至？」

師云：「兩刃交鋒休擬議。」

問：「如何是兼中到？」

師云：「半夜青衫不用皂。」

進云：「祇如燈籠露柱，對談何事？」

師云：「燈籠露柱分明說，何必叨叨再舉揚。」乃云：「四海狼煙息，老將真自在。左轉並右旋，縱橫總無礙。歸馬華山陽，懶更著衣鎧。」擊拂子云：

「年來瑞氣遍乾坤，四時八節不相悖。」

——明·弘瀚：《粟如瀚禪師語錄》卷五，《嘉興藏》第 40 冊，第 464 頁。

620. 不受者供養

才上方丈，印問：「誰？」師曰：「暫到相看。」印曰：「什麼處來？」師曰：「江西。」印曰：「江西近日有甚麼事？」師曰：「集雲峰下藤條被人拗折了也。」印曰：「莫亂統。」師曰：「不因亂統，爭得到者裏？」印曰：「且道者裏事作麼生？」師又手進前曰：「即日恭惟堂頭和尚，尊候起居萬福。」印曰：「不涉泥水一句作麼生？」師喝一喝，曰：「風從虎，雲從龍。」印曰：「一喝不作一喝用是如何？」師曰：「兩個泥牛斗入海，直至如今無消息。」印曰：「錯。」師亦曰：「錯。」印喚侍者點茶來，師曰：「不受者供養。」印曰：「不受者供養受那個供養？」師曰：「謝和尚供養。」印曰：「曾見甚麼人來？」師曰：「不曾見人。」印曰：「既不曾見人，那裡得者個消息來？」師曰：「若見人即無者個消息。」於是服勤為淨頭。

——明·通問：《續燈存稿》卷六，《卍續藏》第 84 冊，第 725 頁。

621. 今若有善睡底，山僧卻令侍者汲洪源水，烹武夷茶請他

開爐，升座。僧問：「世尊拈華，迦葉微笑。還是結制時節？解制時節？」

師云：「旭日銜青嶂，晴雲洗綠潭。」

進云：「恁么則翠岩靈鷲，不隔纖毫。」

師云：「闍黎甚處得者消息？」

僧便喝。師噓一聲。

問：「從上宗乘，請師提唱。」

師云：「百尺竿頭輥繡球。」乃云：「翠岩啟大爐鞴，柴炭渾無半塊。一雙赤手空拳。鍛盡凡情聖解。且道鍛盡後如何？火裏蝍蟟，吞卻螃蟹。」

復舉：「天童和尚上堂云：『禹門院裏結制，須與諸人一議。不用諸人參禪，不用諸人會理，單單不許瞌睡。若也瞌睡，一棒打出骨髓。』天童先師雖是為眾竭力，不免犯手傷鋒。既是不用參禪，又不用會理。正好臥藤蘿下，塊石枕頭。因甚不許瞌睡？翠岩即不然。而今若有善睡底，山僧卻令侍者汲洪源水，烹武夷茶請他。何故？彼自無瘡，勿傷之也。」

——明·真哲：《翠岩古雪禪師語錄》卷一，《嘉興藏》第 28 冊，第 313 頁。

622. 吾無隱乎爾

茶話，維那白云：「文德宇居士特上高峰辦供，請和尚方便垂慈，不負腳跟消息。」

師云：「法無定緣，因緣而遇，有條攀條，無條攀例。如何是條例邊事？昔日黃山谷居士參叩晦堂，乞指快捷方式處。堂云：『祇如仲尼道二三子以我為隱乎？吾無隱乎？爾者太史居恒如何理論？』谷擬對，堂云：『不是不是。』谷迷悶不已。一日侍堂山行次，時岩桂盛開，堂云：『聞木樨花香否？』谷云：『聞。』堂云：『吾無隱乎爾。』谷乃釋然。今日德宇文居士不辭跋涉，登山涉水而來，辦稀有供，請求開示，山僧但將如上因緣潦草頌出：『習習香風樹底生，無端岩畔暗驚人。等閒透得無隱旨，處處林花處處聞。』還聞麼？若也聞得，高峰頂上，且許居士踏到。」

——清·燈來：《三山禪師語錄》卷三，《嘉興藏》第 29 冊，第 703 頁。

623. 山僧為汝等道破

茶話：「只這一句，西天四七、東土二三都來沒起口處。山僧為汝等道破，逢人不得錯舉。」

——清·燈來：《三山禪師語錄》卷三，《嘉興藏》第 29 冊，第 703 頁。

624. 一心不生，萬法無咎，法盡心空，話個甚麼

茶話：「一心不生，萬法無咎，法盡心空，話個甚麼？」

眾作禮，師下座。

——清·燈來：《三山禪師語錄》卷三，《嘉興藏》第 29 冊，第 702 頁。

625. 行腳人須是荊棘林內坐大道場

上堂：「雲橫吞巨海，倒卓須彌，衲僧面前，也是尋常茶飯。行腳人須是荊棘林內坐大道場，向和泥合水處認取本來面目。且作麼生見得？」

遂拈拄杖云：「直饒見得，未免山僧拄杖。」

——日·東暾輯：《黃龍慧南禪師語錄續補》，《大正藏》第 47 冊，第 636 頁。

626. 遇飯即飯遇茶即茶

上堂，僧問：「如何是先照後用？」

師云：「王言如絲。」

學云：「如何是先用後照？」

師云：「其出如綸。」

學云：「如何是照用同時？」

師云：「舉起軒轅鑒，蚩尤頓失威。」

學云：「如何是照用不同時？」

師云：「金將火試。」

乃舉：「僧問首山：『如何是佛？』首山云：『新婦騎驢阿家牽。』大眾，莫問新婦阿家，免煩路上波吒。遇飯即飯遇茶即茶，同門出入宿世冤家。」

——宋·才良編：《法演禪師語錄》，《大正藏》第 47 冊，第 655 頁。

627. 共吃三五碗，醉得眼迷麻

雪竇石和尚至，上堂，僧問：「乾矢橛柏樹子拈向一邊，化外來賓如何相見？」

師云：「箭鋒相拄。」

進云：「古人道打鼓弄琵琶，風流出當家。祇如沒弦琴無腔曲，作麼彈唱？」

師拍手云：「還聽得麼？」

進云：「虛空著彩，草木增妍，為復神通妙用，為復法爾如然。」

師云：「照顧腳下。」

進云：「雖然缽盂峰和盤托出，爭奈不堪供養。」

師云：「更掁轉鼻孔始得。」

進云：「播揚家醜，某甲之過。」

師便喝，僧禮拜退。

乃云：「諸方誰我憶，雪竇甚堪誇。昨日忽然到，松關現彩霞。忙掃六月雪，呼童快煮茶。共吃三五碗，醉得眼迷麻。將謂是同門兄弟，元來係宿世冤家。海會禪人慾出氣，須向獰龍頭上抓。是即是，卻被拄杖子覷破。且道覷破個什麼？人情相看切莫眼花。呵呵。」便下座。

——明·隆琦等編：《費隱禪師語錄》卷五，《嘉興藏》第 26 冊，第 127 頁。

628. 自晨至暮，吃飯飲茶

　　十月安居，結冬上堂，曰：「小春霜刃，大家雪機。一堂禪侶，三世結制。時光可惜，歲華不留。自晨至暮，吃飯飲茶。道者一個，無得禪心。從生至老，著衣談笑。道流半個，莫知自心。徒勞念情，不識玄旨。苦哉悲矣，貧道孤老，走年難係。謹勸雲眾，一生歸信。」遂擲下拄杖曰：「看看。」又曰：「老僧有什麼伎倆？」

　　　　——宋·明聰、了廣編：《淨慈慧暉禪師語錄》卷一，《卍續藏》第 72 冊，
　　　　　　第 133 頁。

629. 青山個個伸頭看，看我庵中吃苦茶

　　僧可上人結庵徑山緣起。不見雪嶠師五年矣，僧可上人忽自雙徑持師書問至，捧之欣然。上人餘邑產也，出家六年而始得從師於雙徑。師令參無字話，遂欲結庵相傍依。師終身其志有足嘉者，雪師嘗謂余言，少時偶有所疑，出家參訪，無所遇。每疑情一發，寢食俱廢，一日忽然有得，大笑失足墮崖下，遂損其鼻。後住雙髻峰，有詩云：「青山個個伸頭看，看我庵中吃苦茶。」其風致如此，上人還見雪師麼？不然，結庵且是第二義。諸檀越還見上人麼？不然，且與結庵去。他日庵成，居士要來庵中同吃苦茶也。

　　　　——明·李流芳：《檀園集》卷八，《四庫全書》集部·別集類五，第 1295
　　　　　　冊，第 372 頁。

630. 雖然兩段不同，且喜一家無二

　　示眾云：「雀舌初調，玉盞分時禪思健，龍團槌碎，金渠碾處睡魔降。雖然兩段不同，且喜一家無二。莫有不涉唇吻知味者麼？」

　　　　——宋·義青：《林泉老人評唱投子青和尚頌古空谷集》卷二，《卍續藏》
　　　　　　第 67 冊，第 280 頁。

631. 烹博山茶用弁山水

　　弁山瑞白雪和尚，烹博山茶，用弁山水，年歷不乖，飲者都醉。散木一枝，化為芝蘭玉樹，金針在手，巧繡出鴛鴦一對（破闇燈伾請二象同軸）。

　　　　——明·明盂：《三宜盂禪師語錄》卷十，《嘉興藏》第 27 冊，第 61 頁。

632. 茶是青山茶，筍是青山筍

示靜主：「住山最先便要得個住山的方子，全身入到青山裏，又莫教青山遮殺眼睛，礙殺胸口。須是在青山肚裏七縱八橫，而足下不沾他一點土，不帶他一點泥。其實又要翻青山面，樵青山眉。鎮日裏行也是青山，坐也是青山，吃青山飯。飲青山水，穿青山衣，睡青山床。乃至拈的用的，茶是青山茶，筍是青山筍。日久月深，不覺不知連一個住山的人，總化作青山了，我與青山渾然不間。然後始好閒坐山中，聽幽鳥喃喃，韻落花於不夜時，登峰頂看白雲，杳杳空靈魄以竭窮。月上蕉窗殘經已畢，爐開宿火泉響方聲。正恁麼時，好將人境雙收，莫教狼藉我道人家計。」

——清·智祥：《頻吉祥禪師語錄》卷十二，《嘉興藏》第 39 冊，第 661 頁。

633. 非關陸羽之家風，壓倒趙州之手段

竊以隨緣應物無非迴向菩提，指事傳心總是行深般若，欲破人間之大夢，須憑劫外之先春。伏惟佛覺普安慧湛弘教大宗師寶集正宗轉輪真子，學冠於竺乾華夏顯密圓通，神遊於教海義天理事無礙。笑辟支獨醒於一己，擬菩薩普癒於群生。借水澄心即茶演法，滌隨眠於九結，破昏滯於十纏。於是待蟄雷於鹿野苑中，聲消北苑，採靈芽於鷲山頂上，氣靡蒙山。依馬鳴龍樹製造之方，得法藏清涼烹煎之旨，焙之以三昧火，輾之以無礙輪，煮之以方便鐺，貯之以甘露盌，玉屑飛時香遍閻浮國土，白雲生處光搖紫極樓臺。非關陸羽之家風，壓倒趙州之手段，以致三朝共啜，百辟爭嘗，使業障惑障煩惱障即日消除，資戒心定心智慧心一時灑落。今者法筵大啟，海眾齊臻，法是茶，茶是法，盡十方世界是個真心。醒即夢，夢即醒，轉八識眾生即成正覺。如斯煎點，利樂何窮？更欲稱揚，聽末後句。龍團施滿塵沙劫，永祝龍圖億萬。

——元·釋溥光：《會善寺茶牓》，見傅梅《嵩書》卷二十一，錄於《續修四庫全書》七二五·史志·地理類，上海古籍出版社，2002 年，第388 頁。

634. 不摘楊花摘野茶

吳興董雨若也，參靈巖，證徹大法，退翁儲既寂，隱居空山，以著述自娛，絕跡人世。貌古如梵僧，性狷介，衣食不充，給侍星散，略不縈懷。所著洞宗疑問，寶曇七發，皆關法門大典。竟以貧病終其身，諸方惜之。

上堂，問：「如何是本分事？」

師曰：「堯封不會禪。」乃曰：「瀑泉飛處綠陰交，山鳥丁東逐午樵。滿笠松花歸去後，閒雲相與度峰腰。」顧左右曰：「你道，將飯與堯封吃底，還有眼麼？」良久曰：「不覺日又夜，爭教人少年。」

插秧，上堂：「者一片水田，一向斜搭在衲僧肩頭。橫也在身上，豎也在身上。而今平鋪著山前山後，值得眼瞪瞪地，看即有分。金鋤不動土，靈苗何處栽。隊隊博飯吃底，不傷物義。道個應時及節句子，供養一眾，也顯叢林有人。」良久曰：「三日風，五日雨。」

普請採二茶，上堂：「舉一不得舉二，放過一著，落在第二。禪和家一向粗心，生怕落二落三，道個明日不得普請，便自謂得也。他時後日，單單吃水也難消。若據堯封苦心，那怕你摘葉尋枝，只要到手，來來往往，不至空過。」遂拍手曰：「莫把三千道里誇，住山人事盡風華。寶雲一味遵平淡，不摘楊花摘野茶。」

——清·超永：《五燈全書》八十六，《卍續藏》第 82 冊，第 471 頁。

635. 草藥帶煙掘，野茶和露烹

為聚淨人下火：「不是風動，不是幡動，此是盧行者坐斷人舌頭底句。直下如大火聚，近之則燎卻面門。」

道舊至，上堂：「青山白雲裏，客來無可迎。草藥帶煙掘，野茶和露烹。盤陀石上坐，長嘯時一聲。」擊拂子下座。

——宋·法林：《元叟行端禪師語錄》卷一，《卍續藏》第 71 冊，第 516 頁。

636. 舌頭在你口裏

上堂〔註5〕：「我有一間空屋，令一人在內。外有一人叫，應也不是，不應也不是。作麼生出得？參。」

僧問：「如何是趙州吃茶去？」

師曰：「舌頭在你口裏。」

曰：「如何是趙州不吃茶去？」

師曰：「舌頭在什麼處？」

〔註 5〕嘉興府海門天真惟則禪師。

曰：「如何是日面佛？」

師曰：「今日雲生。」

曰：「如何是月面佛？」

師曰：「夜來再看。」

僧禮拜。

師曰：「自起自倒漢。」

上堂：「六月不熱，五穀不結。搖扇取涼，飲水止渴。海門不惜眉毛，八字打開，向諸人道了也。還委悉麼？暑風微動琳琅響，曉露輕凝菡萏香。」

洪武初，常預薦法事，以足疾賜歸。一日告眾曰：「吾去矣。」侍者請偈，師厲聲曰：「平常說底不是耶？」即瞑目而逝。

——明·通容：《五燈嚴統》卷二十一，《卍續藏》第 81 冊，第 271 頁。

637. 象王峰頂好一輪月

師一日同御六張居士茶坐，舉夢晤餘翁，士云：「和尚即今是醒是夢？」

師舉茶甌云：「者是夢不是夢？」

士云：「不會。」

師云：「不唯居士，三世諸佛也如是。」

師一晚又與張居士同遊鳳棲嶺，師指云：「象王峰頂好一輪月。」

士云：「好一輪月。」

師指殿云：「喚作余翁得麼？」

士云：「得。」

師云：「喚作山僧得麼？」

士云：「得，得。」

師云：「既得，無外也。」

士有省，至茶坐。師復問：「適來說話還有疑處麼？」

士云：「自從得見同安後，直至如今更不疑。」

師休去。

師一日與余公茶次，師云：「近來大護法與昔日不同。」

公云：「略知滋味。」

師拈蜜薑云：「薑畢竟辣，蜜畢竟甜。」

公云：「也不敢妄生分別。」

師休去。

——清・性圓、旋璣等編：《法璽印禪師語錄》卷七，《嘉興藏》第 28 冊，
第 802 頁。

638. 一聲破碎

揚州高旻寺住持月朗到九華，稱今年高旻有朱施主法事，連舊日四七，
共打十二個七。赤山法老人已回寺，仰諸位護持常住，都請回山。將屆期，眾
推予先下山。

至大通荻港後，又沿江行。遇水漲，欲渡，舟子索錢六枚。予不名一錢，
舟人徑鼓棹去。又行，忽失足墮水，浮沉一晝夜。流至采石磯附近，漁者網得
之。喚寶積寺僧認之，僧固赤山同住者。驚曰：「此德清師也。」

昇至寺，救蘇，時六月二十八日也。然口鼻大小便諸孔流血，居數日，
徑赴高旻。知事僧見容瘁，問：「有病否。」曰：「無。」乃謁月朗和尚。

詢山中事後，即請代職。予不允，又不言墮水事。只求在堂中打七。高
旻家風嚴峻，如請職事拒不就者，視為慢眾。於是表堂，打香板。予順受不
語，而病益加劇，血流不止。且小便滴精，以死為待。

在禪堂中晝夜精勤，澄清一念，不知身是何物。經二十餘日，眾病頓愈。旋
采石磯住持德岸送衣物來供，見容光煥發大欣慰，乃舉予墮水事告眾，皆欽歎。

禪堂內職不令予輪值，得便修行。從此萬念頓息，工夫「落堂」，晝夜如
一，行動如飛。一夕，夜放晚香時，開目一看，忽見大光明如同白晝，內外洞
澈，隔垣見香燈師小解。又見西單師在圊中，遠及河中行船。兩岸樹木種種
色色，悉皆了見，是時才鳴三板耳。

翌日，詢問香燈及西單，果然。予知是境，不以為異。

至臘月八七，第三晚，六枝香開靜時，護七例衝開水，濺予手上。茶杯
墮地，一聲破碎。頓斷疑根，慶快平生，如從夢醒。自念出家漂泊數十年，於
黃河茅棚，被個俗漢一問，不知水是甚麼。若果當時踏翻鍋灶，看文吉有何
言語。此次若不墮水大病，若不遇順攝逆攝，知識教化，幾乎錯過一生，那有
今朝。因述偈曰：

杯子撲落地，響聲明瀝瀝。

虛空粉碎也，狂心當下息。

又偈：

燙著手，打碎杯，家破人亡語難開。

春到花香處處秀，山河大地是如來。

——現代·淨慧編：《虛雲和尚全集》第 5 冊（年譜），中州古籍出版社，
　　2009 年，第 26〜27 頁。

639. 地藏菩薩降生，向山僧茶甌裏洗浴

小參，舉起茶鍾云：「今朝七月三十日，地藏菩薩降生，向山僧茶甌裏洗
浴，諸人還見麼？若如此見得，眾生度盡方證菩提，於此不見，地獄不空誓
不成佛。若有通方作者，出來相見。」

時有僧出問云：「如何是雲門主人？」

師云：「林中整日歡進。」

云：「如何是雲門家風？」

師云：「淡飯憑君吃。」

進云：「客來以何款待？」

師云：「黃齏任意餐。」

僧禮拜師回方丈。

——明·明雪：《入就瑞白禪師語錄》卷三，《嘉興藏》第 26 冊，第 75 頁。

640. 一杯茶是醍醐，一杯茶是毒藥

寶方與黃海岸居士茶話：「一杯茶是醍醐，不善飲者能喪身失命；一杯茶
是毒藥，知其味者能起死回生。醍醐毒藥本無差，殺活當機誰善用，畢竟還
有知味者麼？」

海岸居士云：「請和尚吃茶。」

師云：「莫教一滴沾唇。」

復云：「且道趙州茶與今夜茶是同是別？」

士云：「和尚請道一句。」

師云：「還我茶錢來。」

士舉杯便乾。

師云：「何不更請一鍾？」

士云：「和尚還有果子麼？」

師笑云：「吞不下吐不出。」

——明·智閹：《雪關禪師語錄》卷二，《嘉興藏》第 27 冊，第 456 頁。

641. 不是無，只是了

除夕茶話。

今夕除夕，天下人盡於此夕著忙，惟有我衲僧家不然。且道衲僧家具個甚麼道理？只是貧亦了得，富亦了得。乃至有無長短，一切了得。甚而是非、好惡、聲色無有不了之處。不是無，只是了。德山云：「一切萬法，皆由心生。心若無生，法無能住。」若達心地法門，一切無礙。遇非其人，宜慎辭哉。大眾，作麼生說個無礙底道理？天下無嫌底法，總是你不了，便成繫縛。不是隨事隨物而了，了而後隨，故隨而不隨。大慧云：「汝但八識一刀，此一刀斷則千刀萬刀應時而斷。」所以古人云：「行腳高士大須向聲色裏坐臥，聲色裏困眠始得。」你若不了，在者裏便生出許多趨避，許多取捨。且作麼生坐臥困眠？平日胸次間未免疑滯。何況臘月三十。你若了便時時了，念念了，豈待臘月三十觸事遇物。總有個打發處，而又不是離他。人生世間，一切是非善惡，種種生滅，你作麼生離？而今盡有掉得個不生滅底道理，便擬向生滅邊淘汰，以為踐履。不知生滅又是個甚麼？你才擬淘汰，盍是生滅。如此見解，正眼觀來，總成外道。你若了，豈有恁麼事。就是山僧恁麼說，已是老婆心切，故有落草之談。既恁麼說，猶是落草之談。過此已往，又作麼生開口。無事歸堂。

——明·函是：《廬山天然禪師語錄》卷五，《嘉興藏》第 38 冊，第 155 頁。

642. 難道今日才是麼

如今末世佛法凋零，師家與學人俱順顛倒而不順正理。山僧平時東廊下，西廊上，禪堂裏，方丈裏，與你諸人說長說短，說是說非，商古量今，時情目下，都不曾見你諸人著個眼孔。而今見山僧出來食茶，便個個拈起紙筆，記山僧說話。難道今日才是麼？豈不是順顛倒！

就如趙州，當日僧問：「學人乍入叢林，乞師指示。」州云：「食粥了也未？」僧云：「食粥了也。」州云：「洗鉢盂去。」其僧便悟。尋常恁麼語句，悟得幾個？多少人作佛法會，只是見者僧云學人乍入叢林乞師指示，便將趙州恁麼語句向日用處會，向開口處會，向舉起處會。此豈不是順顛倒？

又如高亭簡參德山，山隔江招手，簡橫趨而去。尋常舉手動足，一切人總見他，為甚麼無一個半個在者裏得個消息？才聞高亭簡與麼悟，便向招手處會，不可總教人作野狐精去也。

又如會通侍者辭鳥窠，往諸方學佛法。窠云：「若論佛法，我者裏亦有少許。」通云：「如何是和尚者裏佛法？」窠拈起布毛一吹，通便悟。不可又道吹布毛便是鳥窠佛法。若不是，為甚麼侍者悟去？時有僧出問云：「從苗辨地，因語識人。高亭簡與德山相見，為是神通妙用？為是法爾如然？」師拈果子云：「會麼？」進云：「當初只為茅長短，燒了原來地不平。」師云：「還見德山麼？」進云：「沒有兩個。」師約住云：「過來過來。」僧近前。師云：「一個兩個，相去多少？」進云：「正是學人疑處。」師復以果子擊案一下。進云：「畢竟有個親切處。」師云：「何不放下？」僧禮拜。師復云：「此事大難，須實實在那裡了得才好。你看世尊當日拈花，後頭便生出許多葛藤。你若總作佛法會，有甚麼了期？須是觸著便知下落，方才曉得世尊為人處正在那裡，破綻處亦正在那裡，你更在那裡替他缽盂安柄。說甚麼一個兩個，三四五個，了得了不得。說甚麼法身邊，說甚麼向上，說甚麼三玄三要，五位君臣，法眼根境，雲門三句。既說不得，你又作麼會他？似山僧恁麼說話，難道沒有伶俐衲子一句句穿過？為甚麼卻了不得，且道病在甚麼處？」良久云：「無事歸堂。」

——明‧函是：《廬山天然禪師語錄》卷五，《嘉興藏》第 38 冊，第 155 頁。

643. 殊不知我衲僧以山河大地為家

除夕茶話：「今夕除夕，天下人俱向家裏度歲，惟我衲僧隨寓而安，將謂無家可歸，殊不知我衲僧以山河大地為家，以四生六道為家，以喜怒哀樂為家，以是非得失為家，以甘苦平險為家。雖論劫在途中而不離家舍。雲門大師云：『會則途中受用。』既在途中，作麼生受用？故知在在處處俱有到家消息。世人有父母妻子之家而非安樂長久之計，時節若到，聚散無常，悲歡相倚。雖暫時在家而恒居途路，雖然以道俗相較。固有如是便宜，若我衲僧到得在處為家，腳跟安穩亦知。還更有長處麼？」良久云：「明朝又是新年月，今夜且看人送窮。」

——明‧函是：《廬山天然禪師語錄》卷五，《嘉興藏》第 38 冊，第 155 頁。

644. 知君猶未徹

百丈恒禪師示眾云：「百丈有三訣，吃茶珍重歇。直下若承當，知君猶未徹。」

風冗沼禪師示眾云：「若立一塵，家國興盛，野老嚬蹙。不立一塵，家國喪亡，野老安貼。於此明得，闍黎無分，全是山僧；於此不明，老僧即是闍黎。闍黎與老僧，亦能悟卻天下人，亦能迷卻天下人，要識闍黎麼？」左邊拍一拍云：「這即是要識老僧麼？」右邊拍一拍云：「這裡即是。」

保壽恩禪師示眾云：「三界唯心，萬法唯識。檻外雲生，簷頭雨滴，澗水湛如染，野花開似織。此時若不究根源，謾向當來問彌菖。還會麼？不勞久立。」

首山念禪師示眾云：「第一句薦得，與佛祖為師。第二句薦得，與人天為師。第三句薦得，自救不了。」

——明·《永樂大典》卷一三一九〇·眾。

645. 老布衲解道吃茶去

行過日鑄茶，生如穀芽，細摘為之。住山庵，老布衲，解道吃茶去。樗蒲與黃沙，溪山轉復嘉，天開四明洞，頗多蓮社家。

——元·丁復：《檜亭集》卷二，《四庫全書》集部·別集類，第 1208 冊，第 346 頁。

646. 山僧即今更當示汝末後一著

舉火云：「數聲清磬，海眾同歸。一盞粗茶，高賓聚會。有禮有義，無作無為。輔弼宗猷，叢林綱領。此是惺渠宗禪人尋常用的。山僧即今更當示汝末後一著。」以火炬打〇相云：「烈焰爐中飛片雪，當天迸出一輪紅。」攛下便燒。

——清·喜：《雲峨喜禪師語錄》卷下，《嘉興藏》第 28 冊，第 199 頁。

647. 汝還知吾去處麼

師臨示寂時，沐浴了，喚侍者點茶來。師吃茶了，侍者接盞。師縮卻手云：「汝還知吾去處麼？」

侍者云：「某甲不知。」

師便度盞云：「去，汝不知吾去處。」

侍者送盞回來，見師端然而化。

——宋·李遵勗：《天聖廣燈錄》卷十二，《卍續藏》第 78 冊，第 476 頁。

648. 吃茶即得

師行腳時，與數僧參一老宿。問：「五人新到，阿那個是參頭？」

師云：「不怕三冬雪，惟憂午夜風。」

宿云：「平地上吃交作什麼？」

師云：「言猶在耳。」

宿云：「且坐吃茶。」

師云：「吃茶即得。」

——宋·李遵勗：《天聖廣燈錄》卷二十六，《卍續藏》第 78 冊，第 554 頁。

649. 妙在反手覆手

小參：心眼本開，無奈空花自翳；性天廓朗，祇因迷霧長昏。佛說世智辯聰是八難中之一，以學解多知，遂成理障，故翻不轉文字窠臼，打不破生死牢關。當其迷時，文字語言總是障道根本。及其悟也，語言文字原是解脫正因。妙在反手覆手耳。

昔李渤刺史問歸宗常禪師云：「須彌納芥子即不疑，芥子納須彌莫是妄譚否？」

宗云：「人傳使君讀萬卷書是否？」

渤云：「然。」

宗云：「摩頂至踵如椰子，大萬卷書何處著？」

復問：「一大藏教明甚麼邊事？」

宗舉拳示之云：「會麼？」

渤云：「不會。」

宗云：「這措大拳頭也不識。」

渤云：「請師指示。」

宗云：「會則途中受用，不會則世諦流佈。」

師云：「萬卷書何處著？伸腳處便縮腳。掀翻窠臼絕狐疑，真個拳頭好作略。不在途中不在家，世諦流佈亦不惡。祇如茶筵中報薦先相國方水大居士，

是他生平讀萬卷書，畢竟向何處安著？還會麼？儒佛原無兩個心，絕學始稱真道學。」

　　——明·智闇：《雪關禪師語錄》卷一，《嘉興藏》第 27 冊，第 446 頁。

650. 吃茶吃飯隨時過

　　僧問：「如何是諸佛境？」

　　師　曰：「雨來雲霧暗，晴乾日月明。」

　　問：「如何是妙覺明心？」

　　師曰：「今冬好晚稻，出自秋雨成。」

　　問：「如何是妙用河沙？」

　　師曰：「雲生碧岫，雨降青天。」

　　問：「如何是平常心合道？」

　　師曰：「吃茶吃飯隨時過，看山看水實暢情。」

　　——清·超永：《五燈全書》卷十五，《卍續藏》第 81 冊，第 549 頁。

651. 老僧舉杯吃茶，不知甚麼粗細

　　射洪清果不會法通禪師，南充楊氏子。初參福嚴容，問：「是甚處人？」

　　師曰：「四川。」

　　容曰：「你帶的附子黃連，何不呈出？」

　　師進前作女人拜。

　　容曰：「川僧弄虛頭。」

　　師一喝。便出。

　　後參雙桂明。師問：「某甲末後來，請師最初句。」

　　明曰：「老僧舉杯吃茶，不知甚麼粗細。」

　　師兩手叉腰作聽勢。

　　明打曰：「者漢久在江南吃餿飯，卻來這裡討新鮮。」

　　師連喝便出。

　　上堂：「至圓至妙，至難指蹤。電光弗及，石火罔通。回頭轉腦，喪卻家風。一念知非，耳熱面紅。是個甚麼，為萬物宗。」喝一喝。

　　——清·超永：《五燈全書》卷七十，《卍續藏》第 82 冊，第 338 頁。

652. 茶鍾墮地，豁然大悟

揚州建隆法音濚禪師，長洲彭氏子，生長興化，產時有陸地蓮開之瑞。懷抱中，見僧相便喜。才學話，便求為僧。母楊氏欲許之，父廷璧曰：「吾兒儒家子也，不可。」母每為師默禱，一日感金甲天神，示夢廷璧曰：「汝子求出家，汝如何不肯？」父大驚異，即送邑之蘆渡寺脫白，投容止為師。是日，父母同時祝髮，全家入道，舉國異之。

師十歲，便能闇誦《法華》。遇雪寶雲掩關南庵，每示人一口氣不來向甚處安身立命話，心竊驚疑。至十三，忽舉前話。往問，雲曰：「待汝一口氣不來，即向汝道。」師曰：「和尚是何心行？」雲曰：「放汝三十棒。」師曰：「和尚也吃一半。」雲曰：「過在甚麼處？」師一喝便出。十七受具，同志數人，結精進七期，看本來面目話。至第六日，有個入處，曰：「六六原來三十六。」乃歷參理安，問龍池微古南門，皆有機契。

再參報恩琇，琇問：「何處人？」師曰：「揚州。」琇曰：「還見大聖來也未？」師曰：「見。」琇曰：「是何面目？」師以手把口曰：「貓。」琇乃掩室。次日，琇特上堂，問曰：「柏樹子幾時成佛？」師曰：「成佛久矣。」琇曰：「阿誰證明。」師彈指一下，琇大笑休去。後出坡，琇曰：「汝號法音那？」師禮拜。琇曰：「因甚頭上屎溺氣？」師曰：「正是某甲大用現前。」琇曰：「如何是你大用現前處？」師一喝，琇痛打。至第三日，琇理前話，師如前答。琇如是三問，師亦如是三答，皆遭痛打。

師乃禮辭，往參報恩賢於天童。賢曰：「那裡來？」師曰：「報恩。」賢曰：「報恩有何言句？」師舉前話，賢曰：「痛與一頓。」師曰：「美食不中飽人餐。」賢驀問：「馬祖一喝，百丈因甚耳聾三日？」師數答，皆不契，歸堂猛力參究。

一日吃茶次，忽聞雷鳴，茶鍾墮地，豁然大悟。進方丈，呈偈曰：「青天白日，一聲雷鳴。豁開正眼，大地清平。」賢曰：「如何是三日耳聾消息？」師曰：「識得前三與後三。」賢曰：「更道看。」師一喝，以手掩耳便出。賢笑曰：「子會也。」遂授衣拂。歷住東陵遠峰，延陵龍樹，金陵大泉諸剎。

——清・超永：《五燈全書》卷七十七，《卍續藏》第 82 冊，第 404～405 頁。

653. 不悟與不迷，頭頭皆顯露

上堂：「花笑鶯啼四月朝，衲僧見處盡雄豪。眼開白日青天下，生死何曾有一毫。」喝一喝。

上堂：「一切色是佛色，一切聲是佛聲。蚯蚓穿透耳竅，蝦蟆跳入眼睛。或高或下，忽喜忽嗔。」喝一喝曰：「一擘華山分兩路，萬年流水不知春。」

上堂：「至道無難，唯嫌揀擇。眼裏有筋，舌頭無骨。趙州終日吃茶，子湖半夜捉賊。捉得賊，誰辨白？看看逗到天明，個個眉橫鼻直。」拈拄杖曰：「賊賊。」

上堂：「眾生本不迷，諸佛何曾悟。不悟與不迷，頭頭皆顯露。堪嗟開眼人，覷見總不顧。」驀顧左右曰：「大眾，耳門裏七穿八穴，是顧不顧？腳跟下橫三豎四，是顧不顧？」喝一喝曰：「要見黃河清，三千年一度。」

——清·超永：《五燈全書》卷八十五，《卍續藏》第 82 冊，第 469 頁。

654. 有茶請吃茶，無茶滾水好

晚參：「山門前得的，禪堂裏商量去。進到方丈，不必再舉。何也？天溪不肯辜負汝。」

室中晚參，問答畢，師乃云：「阿逸多笑甚麼？蛇穿耗子窟，普化搖鈴過。嗚呼！小子腳板踏破，癢瘡近火血沾衣，傷鹽傷醋陳年貨。有人道：『慈翁老，有茶請吃茶，無茶滾水好。』咄！漢仙琴高騎赤鯉，羲之寫字換鵝兒。」

良久云：「歸堂去。」

徽天連雨，師落堂云：「大眾，因甚麼迷癡許久不晴？」

眾無對。

師曰：「知之為知之，不知為不知。天上雷公叫，地下走蜻蜓。呵呵！好場熱鬧。」

以拄杖畫云：「湄。」

眾茫然。

師喝曰：「聾牛瞎驢，一齊打散。」

——清·際源：《正源略集》卷四，《卍續藏》第 85 冊，第 25 頁。

655. 請進來洗盞烹茶

示眾：「祖師戶限，一腳踢倒門外漢，卻請進來洗盞烹茶。生死道路，千

古坦平客作奴，亦堪與他量晴較雨，只是欺心底斷然，閉門不納油觜底斷然，大梧趁開。雖然大地山河說無間歇，若把來喚作佛法流傳則不可。」以手拍案曰：「住。」

——明‧愚者（方以智）：《青原愚者智禪師語錄》卷二，《嘉興藏》第 34 冊，第 827 頁。

656. 趙州一處打著，一處打不著

上堂，舉：「趙州問僧：『曾到此間麼？』僧云：『曾到。』州云：『吃茶去。』又問僧：『曾到麼？』僧云：『不曾到。』州云：『吃茶去。』」

師云：「趙州一處打著，一處打不著。萬松見僧，亦不招茶，亦不相問。何故自從賢聖法來，未嘗殺生。」

——宋‧妙源：《虛堂和尚語錄》卷一，《大正藏》第 47 冊，第 992 頁。

657. 到與不到，吃茶一樣

復舉趙州問僧：「曾到此間麼？」僧云：「曾到。」州云：「吃茶去。」又問僧：「曾到此間麼？」僧云：「不曾到。」州云：「吃茶去。」

師云：「到與不到，吃茶一樣。不著機關，殊無伎倆。且非平展家風，豈是隨波逐浪。唯嫌揀擇沒分疏，識得趙州老和尚。」

——宋‧宗法：《宏智禪師廣錄》卷一，《大正藏》第 48 冊，第 2 頁。

658. 貧道吃茶時，口上有眼

或則如來所具五眼，眾所見者唯知兩青蓮目為佛眼，而彼四眼又在何處？若謂一佛眼統之，則先德注云：「肉眼礙非通之句，難於佛分上說也。」且經云如來有肉眼，是佛之肉眼，果有礙而不通耶？在凡夫之肉眼則可，倘佛之所具似不可模糊放過關也。吹萬曰：「如來兩目青眸不異凡夫，以此能知四生六道升沉因果，故曰肉眼。佛性先天而天弗違，謂之天中之天，以此能知三界九地差別因緣，故曰天眼。如來具四智、證六通，遍無量身，了三世事，故曰慧眼。如來自菩提場，三七思惟轉十二，行法輪宣五時半滿之教，末後拈花直指妙心，故曰法眼。如來具足圓覺，住持圓覺現八萬四千相好光明藏，身坐恒河沙世界剎海金蓮，故曰佛眼。」諸仁者要得具此五眼，不可向外別求。貧道吃茶時，口上有眼。背後摸枕子，手上有眼。夜行不踏水，腳上有

眼，玄沙云：「盡十方世界是沙門一隻眼，盡十方世界在沙門眼裏。汝等諸人又作麼生看照咦。」

——明·廣真：《一貫別傳》卷三，《嘉興藏》第 40 冊，第 164 頁。

659. 此千古棒喝

徑山觀音殿除夕茶話。

我等林下道人，當此除夜享清淨無為之福，是皆受朝廷之恩澤，誰知有宴安鴆毒之害乎？方天下遭此大變，民窮財盡慘殺不寧。當寧焦勞，文武忘命，千瘡萬孔，莫為救療。安得頓還元氣，使朝野蘇息乎？即前代名山古剎，往往為饑荒賊亂兵火所焚，即諸祖亦常避難。如岩頭隱於渡子，石霜藏於瀏陽，慈明浮山輩結伴參汾陽葉縣，直可謂赤身挨白刃，撒手跳懸崖也。若不如是捨死忘生，安能破此生死牢關，得出身路？今參學人自己無忘軀為法之心，只管去觀望知識，看他有意於我無意於我。世間豈有如此拼生死而求妙道者乎？使慈明浮山輩才有一念觀望之心，則早被他熱呵亂罵，潑水撒灰，斷送去三千里外，安得頓悟臨濟之道，迥出常情？

往在靈谷，常與凌官球倪樸庵諸公言：「做行狀者，紀述將來自覺淡泊不好看，百計搜求出數段，要大聖大賢說不出底，忠臣孝子行不出底，入在裏面才成一篇文字。及乎自己，為人生怕說一句難話，死怕行一步難事，半毫毛也不敢惹著。既行時要如此好境好緣，如何做行狀！卻又要如此險難怪異，豈非背馳其言行，而欲自欺欺人乎？」

昔吳遠庵與予曰：「我南京宗風久寂，幸餘集老請博山和尚於天界開堂，引發多少人知有此本分事。爭奈護法神不加被他，不知是他夙業否，今為山東作巡撫事收在刑部獄裏。卻不退息人之信心乎？」予笑曰：「大好信心。公且道佛法有靈驗乎？」吳大驚曰：「莫是他錯因果乎？」予曰：「是你錯因果也。」吳益驚。「予曰：誰教他要參博山和尚及諸方善知識禪。」吳曰：「請大師破我驚疑。」

予曰：「此正蘇子瞻所謂佛祖恐我難化故，特遣於萬里之外折伏之也。公又安知非護法善神感集老為法之心，欲以道法速成其參了生死禪之行狀乎？集老既能參博山諸老禪，且試向刑部監看，此刑部禪與諸知識禪是同是別？若是同，則參得刑部禪，亦可參閻羅大王禪也。刑部禪是操兵演武禪，閻王

禪是輪刀上陣禪。刑部可以寬假，閻王不順人情，又況閻羅王與牛頭阿旁多，是不通文字道理、佛法禪道者。諸大善知識尚可以著語呈解，拈古頌古，棒喝機鋒相見，與他閻羅王獄卒相見，一些也用不著。只要你參他刀山劍樹禪，鑊湯爐炭禪，參得他地獄極苦禪，庶幾可以參他佛祖向上禪也！」

諸公大笑絕倒曰：「此千古棒喝，使世出世人皆當透骨透髓矣！汝等諸仁者到遮裏，也須當真參了生死禪始得！不則臘月三十夜易過，涅槃堂裏生死結交禪恰是參不透也！汝等可不痛心驚覺此世出世法，當此大難必如何始得透脫乎？果欲參透此禪，則當不惜皮毛欲樂，便從今日做一個能透萬死千難之人，免使他日悔不曾做得真行狀，以致自陷於欺心之大罪也。」

——明·道盛：《天界覺浪盛禪師全錄》卷九，《嘉興藏》第 34 冊，第 647～648 頁。

660. 驚得他諸佛諸祖搖頭吐舌

觀音殿燈節夜茶筵垂示，師指花燈云：「見麼？南斗六，北斗七，趙州吃茶口不濕。當機誰肯便承當，甘如鴆酒毒如蜜。醉倒街頭李八胡，騎牛穿靴海底立。跋鱉踢碎須彌燈，白玉毫中黑漆漆。徑山長老笑呵呵，千載惟有今夕吉。吾有正法眼藏，不立文字，教外別傳，直指人心，見性成佛之旨。付囑與摩訶露柱，摩訶燈籠，摩訶鴆酒，摩訶蜂蜜。善自護持，毋令斷絕。驚得他諸佛諸祖搖頭吐舌云：我從本已來未曾聞有如此奇特！我從本已來未曾見有如此奇特！」

復拍案云：「急急如律。」

——明·道盛：《天界覺浪盛禪師全錄》卷九，《嘉興藏》第 34 冊，第 648 頁。

661. 師忽一日召眾吃茶，眾未散，端然示化

問：「如何是佛？」

師云：「燒香瞻仰。」

上堂云：「將領雄兵出塞行，匣中寶劍回光生。有人若問家風事，荊水滔滔已太平。」

師忽一日召眾吃茶，眾未散，端然示化。茶毗，獲五色舍利千餘粒。

——宋·惟白：《建中靖國續燈錄》卷七，《卍續藏》第 78 冊，第 686 頁。

662. 師危坐款茶話而別

　　杭州徑山大宗法興禪師，別號松石，臺之黃岩陣氏。幼岐巍，在齠齔中重默如成人。年十五投同邑瑞巖寺明公出家，依平石砥於天童。命侍香，逾浙見古鼎於徑山，延入藏司。時歸源藏老於仙居紫籜，師與木庵聰等折節輪誠諮決法要有省。出世永嘉太平，遷樂清壽昌鷹山能仁。

　　上堂：「青海崖頭雙溪那畔，煙波萬頃漁市千家。突出衲僧巴鼻，顯示第一義諦，當頭坐斷百匝千重。一句全提十方通暢，所以道佛佛授手祖祖相傳。德山入門便棒，臨濟入門便喝，秘魔擎叉俱胝豎指，檢點將來總是三家村裏賣草鞋底相識。」

　　驀拈拄杖：「須彌山上走馬，大洋海底橫身。天無私臨日無私照，山嶽穹崇江河浩渺。是故金輪御萬國咸寧，玉燭調四時式敘。狸奴白牯齊歌至化，露柱燈籠共樂升平。」

　　卓拄杖：「洪鈞妙力先天地，五葉花開遍界春。」

　　上堂：舉楊岐拈拄杖示眾云：「一即一切，一切即一。」以拄杖畫一畫云：「山河大地，天下老和尚百雜碎，作麼生是諸人鼻孔？」良久：「劍為不平離寶匣，藥因救病出金瓶。」喝一喝，卓拄杖一下。師拈云：「大小楊岐巧盡拙出。」驀拈拄杖云：「諸人鼻孔即且置，作麼生是山河大地，天下老和尚百雜碎？」靠拄杖：「不因紫陌花開早，爭得黃鸝下柳條。」

　　洪武丁卯，僧錄司選師補處徑山。衲子向風雲合，齋廚不給，乃吳江望族葛德潤樂為之賑，與師若有宿契然。明年，遘微疾，前住侍復原報禪師居寂照庵。一日來問疾，師危坐款茶話而別。忽顧待僧云：「吾行矣。」侍僧曰：「臨行一句作麼生道？」師云：「空手捏雙拳，開口落第二。」僧曰：「恁么則與和尚流通去也？」師云：「也不消得。」侍僧擬再進語，師豎一拳示之，即索筆書偈云：「生也如是，死也如是，如是如是。咄咄！」擲筆而逝，乃三月十一日也。

　　茶毗，舌根牙齒不壞。其徒塔於支隴東崦，其營立之費則出義士山左者姓姚彥仁氏。

　　——明‧文琇：《增集續傳燈錄》卷六，《卍續藏》第 83 冊，第 335 頁。

663. 如從口入，必然灌溉心田

心田趙居士設茶，請示眾。

（師云：）「佛說僧為淨福田，福田端的在心田。心田居士信福田，為種福田到象田，教中較量福田功德云：『飯惡人百，不如飯一善人。飯善人千，不如飯一持五戒人。乃至飯三世諸佛，不如飯一無心道人。』畢竟何等樣的是無心道人？惟有真參實悟的，衲僧不求諸聖，不重己靈。淨裸裸，赤灑灑，沒可把。終日吃飯，不曾咬著一粒米。終日穿衣，不曾掛著一縷絲。方可為無心道人。今晚心田居士設茶供眾，結般若緣。大眾相聚，吃杯茶。且道還從口入麼？如從口入，必然灌溉心田。既灌溉心田，平日所參知識，所有般若種子自當發生。為甚麼道善財參遍處，黑荳未生芽？」

驀豎如意召云：「大眾。」

眾舉首。

師云：「黑荳芽生也。」

——明·淨癡、本致輯錄：《象田即念禪師語錄》，《嘉興藏》第 27 冊，第 162 頁。

664. 青山倒入茶杯

佛誕日，金樓茶筵示眾：「昨日雷雨中來，今宵上弦出月。人人指地指天，恰遇周行時節。青山倒入茶杯，滿堂一口無別。此宗中興，本自西江，在我壽昌鋤頭上發洩，總在受用一真法界。不必播弄千般話，說似此金樓再造，殊虧知予老宿一段真實，不見道拖犁拽杷，全彰古轍。在此祖翁田地，各人本分，無缺腳跟，放光脊樑，鑄鐵便將泥水洗天。穿卻春風冬雪，等閒平地家風，正是峰頭真訣，只要自問喚甚麼作鋤頭見？今相對時不可空手釘橛，恰好過夏因齋，不覺慶贊中帶累廩山饒舌。」

——明·愚者（方以智）：《青原愚者智禪師語錄》卷二，《嘉興藏》第 34 冊，第 827 頁。

665. 瀟灑則三五圍爐茶話去

冬至上堂，召眾云：「還有知天地間底司命所在者麼？咦！節候今朝是冬至，一陽之氣內生，群陰之氣外發，正當嚴冬時也。大家意作麼生備禦去？若論世間富貴之人，則紅爐暖閣去，狐裘美酒去。且我等法門弟兄，喜生閩

中溫暖之地，靜則破衲蒙頭密室宴坐去，瀟灑則三五圍爐茶話去。復相借問：貴人出使外國，富人作客他鄉，或在半途時如何？生在邊地下賤時如何？即今罪人關在牢獄，無衣無食時如何？乃至陽受福盡，墮在寒冰地獄時如何？此是憫念他苦，猶緩一步。設身處地當不易，大家莫自相瞞謂。此等苦我輩無分，現今套在金剛圈子裏，盡力跳不出，能免六道輪迴乎？且道，畢竟作麼生便得出此牢籠去？也有現在圈子裏。不為寒暑往來苦樂所幹者麼？也有現在圈子裏。而能遍諸國土作佛事者麼？若有恁般奇特事，當何所在可令得見？汝豈不信，西天波羅提尊者，為異見王說的偈乎？彼道得甚明：在胎為身，處世為人，在眼曰見，在耳曰聞，在鼻辨香，在舌談論，在手執捉，在足運奔。遍現俱該法界，收攝在一微塵。識者知是佛性，不識喚作精魂？」師復云：「者老漢，抖擻此屎腸堪作何用？祇如今日，如何又重搜此毒氣薰？向下文長，且聽來日。」

——明·道盛：《晦臺元鏡禪師語錄》卷一，《卍續藏》第 72 冊，219 頁。

666. 長安雖鬧，我國晏然

受戒畢，茶話：「今日受戒已畢，湛淵上人設茶。山僧將無作有，酬些茶錢去。大抵受戒與付戒者，今日多成個套子，問著各各云能持能持，不知能持二字，有多少難在！豈可容易！諸人既逢此會，當生慶幸勉力受持，不可放逸。如高沙彌云：『長安雖鬧，我國晏然。』則戒之一字，不須提起。如其未能，且莫虛頭。所謂戒者，雖有五戒十戒，大乘小乘之不同。約而言之，不過諸惡莫作，眾善奉行，自淨其意而已。蓋吾心本淨，而習染弗淨，故說戒以防之，總以完吾心之本淨也。今夜重將五戒十戒，二百五十戒，十重四十八輕戒，作一壇說去好麼？」

以拳擊案一聲曰：「豈不是五戒？」復擊一聲曰：「豈不是十戒？」復擊一聲曰：「豈不是二百五十戒？」復擊一聲曰：「豈不是十重四十八輕戒？」復豎拳云：「是甚麼？」喝一喝。

——明·元賢說，清·道霈編錄：《永覺元賢禪師廣錄》卷六，《卍續藏》第 72 冊，第 419 頁。

667. 藤枯樹倒得心安

茶話：「參者須教著實參，休管前三與後三。遍界揣摩尋不著，賣卻疏山

破布單。手握寶珠行乞去，一朝笑破始知慚。不須枉走三千里，藤枯樹倒得心安。」

——明·元賢說，清·道霈編錄：《永覺元賢禪師廣錄》卷六，《卍續藏》第 72 冊，第 419 頁。

668. 紅爐尋片雪

興化菩提庵茶話：「荷錫向南來，佛法無可說。朔風吹凍耳，衣裘冷如鐵。達祖西來意，親切更親切。再若問如何，紅爐尋片雪。」

——明·元賢說，清·道霈編錄：《永覺元賢禪師廣錄》卷六，《卍續藏》第 72 冊，第 419 頁。

669. 不說趙州無，不說雲門普

惠安青藜館茶話：「大慧昔日來惠安，小溪搗動喧天鼓。山僧今日來惠安，青藜館內香雲紫。昔日今朝事不同，仔細看來爭幾許。承君命我說茶話，好似逼起石人舞。不說趙州無，不說雲門普。從前絡索都刊下，斬新條令今朝舉。鷲鼻咬殺毒蛇，大蟲吞卻猛虎。諸人還會麼？」良久云：「且喜滿座顏回，山僧不勞重舉。」

——明·元賢說，清·道霈編錄：《永覺元賢禪師廣錄》卷六，《卍續藏》第 72 冊，第 419 頁。

670. 三十棒自吃去也

上海居士，請茶話：「三春已去，九夏方臨。黃鶯聲漸老，紫燕語方嬌。岸柳垂煙重，園竹長新枝。四者分疆列，界各弄風光。明明祖師意，明明古佛心。從這裡會去。不道全無，但到真寂門下，未免萬里崖州。祇如南山白額咬殺東海鯉魚，陝府鐵牛吞卻嘉州大象。又作麼生會？咦！山僧今夜，不合向缽盂上安柄，三十棒自吃去也。珍重！」

——明·元賢說，清·道霈編錄：《永覺元賢禪師廣錄》卷六，《卍續藏》第 72 冊，第 419 頁。

671. 白水煎茶葉，香氣滿甌來時如何

茶話：「大道無形相，自心等虛空。證得自心時，無有是非者。既無是非，

則無生滅無去來，無取捨無凡聖，無高下無得失。如是則三教一理也，三觀一心也，三世一時也，古今一念也，三德一智也，聖凡一體也，物我一如也，僧俗一性也，五教一乘也。」遂豎拂云：「會麼？若也不會，山僧便與你通個消息。」良久云：「籬邊黃菊金妝就，樹頭紅葉朱染成。」

僧問：「白水煎茶葉，香氣滿甌來時如何？」

師云：「供養大眾。」

進云：「即今茶與趙州茶是同是別？」

師云：「一口吞卻。」

僧禮拜。

——明・明雪：《入就瑞白禪師語錄》卷四，《嘉興藏》第 26 冊，第 764 頁。

672. 趙州吃茶，通身是口

夢生禪人請茶話：「時十四夜月，吃茶知是茶味，吃飯知是飯味，因甚麼又道人莫不飲食鮮能知味？畢竟此味作麼生知？不見僧參趙州，州問曾到此間否，僧云已到，州云吃茶去。又問一僧曾到此間否，僧云不曾到，州云吃茶去。監院問雲和尚，因甚麼到也吃茶去，不到也吃茶去。州喚監院，院應諾。州云吃茶去。諸禪德若知趙州三度茶話，則茶味飯味徹底皆知。其或未然，試聽頌出：『趙州吃茶，通身是口。不論主賓，寧拘好醜。南北東西各一杯，虛空澆濕眉毛皺。皺不皺，瘰婆看月問中秋，夜寒忘卻籠雙手。』」

——明・智闇：《雪關禪師語錄》卷二，《嘉興藏》第 27 冊，第 451 頁。

673. 教外別傳，不繇文字

恒光禪人請茶話：「教外別傳，不繇文字。四面無門，好個入路。敕點飛龍，倒跨猛虎。妙挾兼中，須知回互。若不回互，譬樞不旋而必蠹，水不流而必腐。何故斬釘截鐵？是時人之窠窟，乃法王之寶聚。」

——明・智闇：《雪關禪師語錄》卷二，《嘉興藏》第 27 冊，第 451 頁。

674. 且與眾道友多飲幾杯茶，澆散胸中磊塊著

超燈禪人請茶話：「乾坤靡久停之客，紅顏無可之丹，日月穿眼底之梭，人命似急流之水。伶俐漢向急水灘頭下得腳穩，就無陰樹下終日打眠，扭碎虛空，驀翻筋斗，然後拈來。世諦總是曇花轉步，塵勞無非華藏。果能到此境

界，不妨道個處處綠楊堪繫馬，家家有路透長安。其或未然，且與眾道友多飲幾杯茶，澆散胸中磊塊著。」

——明‧智闇：《雪關禪師語錄》卷二，《嘉興藏》第 27 冊，第 451 頁。

675. 來來實不來，去去實不去

辭眾茶話：「山僧今晚借龍泉一杯茶與大眾告別。當知山僧來也不曾出博山，去也不曾離鼓山。紛紛盡是拖泥水，動念無端滯，往還總是情關，不破識浪難乾。所以把手忍分判袂愁訣，當知道人分上不然，不見進山主云：『來來實不來，途中好善為，去去實不去，路上莫虧危。』若知得山主底意，便知闇上座不離丈室常在途中，不離途中常居丈室。還委麼？月印千江曾未往，鏡含十剎豈雲來！」

——明‧智闇：《雪關禪師語錄》卷二，《嘉興藏》第 27 冊，第 451 頁。

676. 何處無語話分，豈但吃茶時為然

茶話：「穿衣吃飯，行住坐臥，迎賓待客，運水搬柴，何處無語話分？豈但吃茶時為然？所以道，塵塵剎剎皆無空闕，折旋俯仰盡在其中，只是不容商量，不容擬議，擬議商量錯過了也。不見昔有二上座到趙州，州問曾到趙州否，座云不曾到，州云吃茶去。復問一上座曾到趙州否，座云曾到，州云吃茶去。院主問，不曾到趙州吃茶去，且從曾到趙州為甚麼亦叫吃茶去。州喚院主，主應諾，州云，吃茶去。你看他何常奇特？亦何常破綻？若承當得來，方知木人頭戴草，門口舌非言茶話。吃茶饒他開口問話，饒他稽首分明。一曲小陽春，怎奈三三又如九。黃花燦金芽，走一番啖著一番清，者回淹殺趙州狗，還有解問話者麼？三巴掌出，師歸方丈。」

——明‧慧機：《慶忠鐵壁機禪師語錄》卷四，《嘉興藏》第 29 冊，第 586 ～587 頁。

677. 飯甑兩頭空

惺監院請茶話：「退己為人，黃頭歡喜，退人為己，碧眼含悲。惺禪人原與山僧同參，一旦渾爾我忘執著，以監院是任時之溫飽，役之緩急，內外相信，遠近相感，則一切話從此究竟，奚獨一茶話而欲山僧說哉？但山僧昔日做工夫亦在監院時得力，因有本行偈子，今日不違所請，欣然贈之：『六載住

聚云，終日閒無事。行也懶去行，念佛不著意。板響粥飯來，累垂一餐去。正
欲做工夫，妄想及瞌睡。四大不堅強，剛被揶揄鬼。發願施教化，方木投圓
器。頗賴無情老，當陽舉執事。監院臨我身，種種多憂慮。一三七日間，提張
又調李。止想做粗夫，苦行作佛事。晨早上單床，一踢渾天地。連誶四五聲，
大笑不知止。數載被他瞞，相逢只者是。薑油醬醋茶，豆麵柴鹽米。報與參禪
者，離卻心意識。若能依此行，畢竟有消息。』且道如何是離心意識底消息？
自代云：飯甑兩頭空。」

  ——明・慧機：《慶忠鐵壁機禪師語錄》卷四，《嘉興藏》第 29 冊，第
   587 頁。

678. 星馳電卷興答問，習習風清若迅雷

  茶話，松西堂問：「如何是第一玄？」
  師云：「腳下黃龍走。」
  （問：）「如何是第二玄？」
  師云：「腦後鯉魚肥。」
  （問：）「如何是第三玄？」
  師云：「打中間底。」
  （問：）「如何是第一要？」
  師云：「未問卻好道。」
  （問：）「如何是第二要？」
  師云：「秦嶺雞聲妙。」
  （問：）「如何是第三要？」
  師云：「放出吞空鶴。」
  （問：）「如何是先照後用？」
  師云：「掣電轟雷。」
  （問：）「如何是先用後照？」
  師云：「轟雷掣電。」
  （問：）「如何是照用同時？」
  師云：「放汝三十棒。」
  （問：）「如何是照用不同時？」

師云：「且抛絲綸隨緩浪，依稀新月又添鉤。」

（問：）「如何是一喝如金剛王寶劍。」

師云：「利。」

（問：）「如何是一喝如踞地師子？」

師云：「威。」

（問：）「如何是一喝如探竿影草？」

師云：「鑒。」

（問：）「如何是一喝不作一喝用？」

師云：「圓。」

（問：）「賓看主時如何？」

師云：「路聲風走葉。」

（問：）「主看賓時如何？」

師云：「山色石留雲。」

（問：）「賓看賓時如何？」

師云：「斷雲飛野鶴。」

（問：）「主看主時如何？」

師云：「露柱燈籠舞。」

（問：）「如何是奪人不奪境？」

師云：「丫角女子攜雲去，無端留下繡鴛鴦。」

（問：）「如何是奪境不奪人？」

師云：「一拳拳倒須彌盧，剔起眉毛看惡髮。」

（問：）「如何是人境兩俱奪？」

師云：「此時山僧都不會。」

（問：）「如何是人境俱不奪？」

師云：「十字街前慣掣顛。」

（問：）「總不恁麼時如何？」

師喝一喝，乃云：「昔日盧仝稱七碗，今宵鐵壁兩三杯。星馳電卷興答問，習習風清若迅雷。」

復喝一喝。

——明・慧機：《慶忠鐵壁機禪師語錄》卷四，《嘉興藏》第 29 冊，第 587 頁。

679. 一齊走到茶甌裏

石砫馬宣慰令僧壽山永真詣寺箔玉皇閻羅金像，請茶話：「斬釘還削鐵，一箭中紅心。」驀豎竹篦云：「還知落處麼？若也知得，應以將軍身得度者即現將軍身，而為說法。神出鬼沒，減灶添兵，雪刃銀戈，旌旄旗旛，得勝鳴聲，雄張露布，驚起玉皇上帝，閻羅大王一齊走到茶甌裏，信口吞入。無礙藏中雲時金光遍體，揚新抑舊，作大佛事，具大莊嚴，得大受用，成大因果。還知端的處麼？」放下竹篦云：「永矣榮真福，壽兮山海齊。」

  ——明·慧機：《慶忠鐵壁機禪師語錄》卷四，《嘉興藏》第 29 冊，第 587 頁。

680. 恰好下口

師參雲峰體宗和尚。師問：「四大幻身將甚麼作主？」

峰卓拄杖一下。師云：「謝和尚指示。」峰呵呵大笑，師禮拜。

旬日又問：「頭頭是法，何一法著力？」

峰便打。師云：「學人不用者一法。」

峰云：「你道來看？」

師便喝。峰又打。師禮拜。

三十日，普茶，又問：「三十日到來將甚麼作把柄？」

峰云：「一碟黃饀兩碗茶。」

師云：「恰好下口。」

峰云：「恐脹壞汝肚皮。」

師云：「飽休。」

  ——清·佛：《華岩還初佛禪師語錄》卷下，《嘉興藏》第 37 冊，第 658 頁。

681. 某甲只管吃茶

一日，師欠安，介庵侍次，師命茶，問云：「汝字覺先，喚甚麼作先？」

庵云：「且喜今日得自在。」

師云：「如何是覺後？」

庵云：「請和尚尊重。」

師云：「你還分得先後麼？」

庵良久。師便喝。

庵云：「某甲只管吃茶。」

師云：「如何是吃茶的事？」

庵云：「柿棗腐乾都在這裡。」

師云：「你作麼生？」

庵云：「卻被某甲一口食盡。」

師云：「滋味如何？」

庵云：「甜者自甜，鹹者自鹹。」

師云：「未在更道。」

庵云：「某甲謝茶。」便禮拜。

師深喜之。

——清‧妙用：《鴛湖用禪師語錄》卷上，《嘉興藏》第 27 冊，第 377 頁。

682. 請和尚與我趙州茶

師同焦都司茶次，司云：「請和尚與我趙州茶。」

師云：「非等閒吃得底。」

司云：「當下領過。」

師云：「甚麼味？」

司無語。師呵呵大笑。

——明‧鐵眉：《鐵眉三巴掌禪師語錄》，嘉興藏第 29 冊，第 680 頁。

683. 這一杯茶有什麼難吃處

鐵眉禪人請小參，師舉應庵華禪師云：「趙州吃茶，我實怕他，不是債主，便是冤家。何故？自古齋僧怕夜茶。」

師云：「應庵打草驚蛇，也是膽小，這一杯茶有什麼難吃處！山僧則不然，趙州吃茶，我實愛他，亦鐵□亦□可待禪家，忽有個漢，出來遭和尚，因甚麼將他人物作自己用？向伊道有情來十種，無地不生芽。」

——清‧素：《蓮峰禪師語錄》卷四，《嘉興藏》第 38 冊，第 339 頁。

684. 酌泉醮點祖師茶

師云：「熊耳塔開空寂寂，唯留只履冒輕埃。」

問：「如何是和尚家風？」

師云：「一條笻竹杖，三事衲鬙衣。」

僧曰：「客來將何祗待？」

師云：「酌泉釀點祖師茶。」

——明·居頂：《續傳燈錄》卷十四，《大正藏》第 51 冊，第 549 頁。

685. 劫火洞然宜煮茗

晚參，舉：僧問大隨：「劫火洞然，大千俱壞，未審者個壞不壞？」隨云：「壞。」僧云：「恁么則隨他去也。」隨云：「隨他去。」

僧又如前問修山主，修云：「不壞。」僧云：「因甚麼不壞？」修云：「為同大千。」

師云：「二尊宿一人道壞一人道不壞，致令者僧前不遘村後不迭店。若是龍牙即不然，有問『劫火洞然，大千俱壞，未審者個壞不壞』，只對他道：『難逢與麼時。』何故？劫火洞然宜煮茗，嵐風大作好乘涼。」

——清·住：《雲叟住禪師語錄》卷上，《嘉興藏》第 34 冊，第 572 頁。

686. 我不與麼他卻與麼

鎮州萬壽和尚興保壽同參，師一日去保壽，壽坐不起，師乃展坐具。壽下禪床，被師便坐卻禪床。壽乃歸方丈，閉卻門。師坐不起，主事云：「和尚閉卻門，請庫下吃茶。」師便歸院。

壽明日卻去復禮，師還坐不起。壽展坐具，師亦下禪床。壽乃坐卻禪床，師遂歸方丈，閉卻門。壽於侍者寮，取灰圍卻方丈三道，便歸。師開門見云：「我不與麼他卻與麼。」

——宋·宗永：《宗門統要正續集》卷九，《永樂北藏》第 154 冊，第 778 頁。

687. 未啜睡魔先辟易

因臘茶示眾：「午窗夢緒慣逢迎，杵臼驚聞隔竹聲。未啜睡魔先辟易，策勳不戰屈人兵。」

——宋·賾藏：《古尊宿語錄》卷二十一，《中華藏》第 77 冊，第 760 頁。

688. 困來打睡，渴即飲茶

問：「如何是學人自己？」

師〔註6〕云：「困來打睡，渴即飲茶。」

進云：「恁么則謝師指示。」

師云：「鵝王擇乳，素非鵝類。」

——宋·李遵勖編：《天聖廣燈錄》卷二十五，《卍續藏》第 78 冊，第 551 頁。

689. 吃苦茶，說淡話，誰管佛法不佛法

雪夜晚參，師云：「吃苦茶，說淡話，誰管佛法不佛法。馮夷剪破龍溪練，枯柳梅花處處春。咦！月下凍痕生綠井，隔窗玉片飛無影。樹枝風息轉迎寒，寒人如鳥棲未安。日短夜長誰先覺，熒熒殘燭嗚嗚角。咄咄，黃龍三關，香嚴獨腳。」

——清·超德：《明道正覺森禪師語錄》卷二，《乾隆藏》第 155 冊，第 25 頁。

690. 若道茶盞，則兩個也，何轉身之有

湖州夾山伴我淨侶禪師，德清張氏子，以子衿參弁山雪，看玄沙轉自己歸山河語。

雪問：「如何是自己？」

師擬對。山打一竹篦曰：「還我自己來。」

師失色。後與西堂邃谷茶次，竊舉不與萬法為侶話詰之。師拈盞曰：「若道茶盞，則兩個也，何轉身之有？」不覺失聲大笑。一眾驚疑。雪因更名贈偈：「伴我非他物，淨侶亦無人。會得個中意，金魚壁上行。」

——清·超永：《五燈全書》第 114 卷，《卍新續藏》第 82 冊，第 694 頁。

691. 摘得先春意

小參，僧問：「離卻言說喚作甚麼？」

師云：「鐵酸餡。」拈拂子云：「釋迦老子說不到處說取一句，達磨大師行不到處行取一步。有馬騎馬，無馬步行，此是釋迦老子說不到處，山僧說到了也。昨日湘水，今日平越，此是達磨大師行不到處，山僧行到了也。諸仁者若會得，請撩起便行。其或不然，更聽一頌：『高藍山裏別生涯，三月春晴

可採茶。今朝摘得先春意，明日亨葵賞綠牙。』」

——清·璧：《山暉禪師語錄》卷五，《嘉興藏》第 40 冊，第 45 頁。

692. 與伊從頭洗滌一遍

乃云：「韶陽要打殺，趙州不喜聞。落華浮別澗，流恨滿江村。大眾，古今禪客盡道韶陽透頂透底，知恩報恩，者一棒打得極好。又道趙州把斷要津，不通凡聖，佛也沒奈伊何。與麼見解，未出常情，有甚麼交涉。殊不知二大老祇圖步步登高，不解從空放下。翠岩今日也不行棒，不行喝，一味笑臉相迎，和南合掌，淨點武夷茶三盞，熱燒尤香湯一盆，與伊從頭洗滌一遍。不是攀條攀例，亦非報德報恩。可中有個向合水和泥處一腳踏翻，不妨通身慶快，慶快即不無。且道昭王二十四年以前向甚處與伊沐浴？峨嵋原不離西蜀。」

下座，浴佛畢。復舉藥山與遵布衲浴佛次：「山云：『汝祇浴得者個，要且浴不得那個。』遵云：『把將那個來。』山休去。大眾，者個適來已浴畢，如何是那個？」

一僧云：「掬水月在手，弄華香滿衣。」

師打一棒，歸方丈。

——明·真哲：《翠岩古雪禪師語錄》卷三，《嘉興藏》第 28 冊，第 323 頁。

693. 此乃藉假以修真也

佛法工夫，或人問，只當以參悟為主，何必兼保身體。予謂：「此乃藉假以修真也。譬如烹茶，若無爐火，茶豈自熟。倘爐壞火，冷勢必另。又支這不獨重工起作，且恐事難期定，反致費時失誤。明者解之。」

——清·石天基：《禪宗直指》，《卍續藏》第 63 冊，第 769 頁。

694. 懶與諸人說短長

上堂：「今朝四月十五，鶴林擊動法鼓。摩笄嶺忽爾點頭，鴻鵠山欣然起舞。蘇公院裏，好鳥鳴一聲兩聲。周子池邊，野花開三朵四朵。真如妙體，般若圓音。無蓋無藏，亙今亙古。報諸人休莽鹵，說甚趙州無雲門普。若能直下便知歸，立地頓超諸佛祖。」

上堂：「德山逢人痛棒如雨，臨濟逢人熱喝如雷，趙州喚人吃茶去，金牛喚人吃飯來。老我生平百不會，終朝兀坐杜鵑臺。雖然，就中有個好處。且道

好在那裡？山靜日長閒不徹，笑看花落又花開。」

示眾：「一春多病臥禪房，懶與諸人說短長。」

——清‧超永：《五燈全書》卷七十六，《卍續藏》第 82 冊，第 397 頁。

695. 粗茶留客意，村酒古人心

上堂：「人人己躬下，有則因緣，多不增一毫，少不減一點，古人說個七日不悟截取老僧頭去，大似一盲引眾盲。」豎拂子：「和盤托出了也。粗茶留客意，村酒古人心。」擊一下：「天寒簡褻，不勞久立。」

——清‧淨範：《蔗庵範禪師語錄》第十三，《嘉興藏》第 36 冊，第 954 頁。

696. 人平不語，水平不流

無夢噩書記至上堂，舉白雲端和尚云：「寫盡千張紙，徒煩心手勞。人情如太華，爭似道情高。」

師云：「大小白雲猶有者個在，永祚承無夢師兄相訪，粗茶淡話兀坐忘懷。若有一個元字腳，彼此不著便。何也？人平不語，水平不流。」

——清‧行悅：《列祖提綱錄》卷十八，《卍續藏》第 64 冊，第 145 頁。

697. 滴滴不落別處

師震聲喝云：「會麼？獅子哮吼。祖父俱盡，盡後如何？」乃轉上向下云：「旋機返躑全歸父，會麼？」復轉下向上云：「一道圓明照大千。」遂作禮獻茶，乃舉杯長吸。曰：「乾。」復曰：「滴滴不落別處。」

——明‧大嵩、大權等校：《天界覺浪盛禪師全錄》卷十四，《嘉興藏》第 34 冊，第 673 頁。

698. 直下脫卻情塵意想，放教身心，空勞勞地

示眾云：「當軒有路直下坦平，慣戰作家便請單刀直入。有麼有麼？」

良久云：「諸人既是藏鋒，山僧不免作一場獨弄雜劇去也。未恁麼前是第二頭，正恁麼時是第三首。餉間恁麼去，只是隨波逐浪。如今且向隨波逐浪處，與諸人商量，還蓋覆得麼？還有一法與他為伴侶麼？所以道，他能成就一切法，能出生一切法，一切諸佛依之出世，一切有情因他建立，六道四生以他為本，只如諸人即今在此座立，悉皆在他光中顯現。還見得他麼？若也

見得，直下無一絲髮隔礙，無一絲髮道理，更有什麼見聞覺知為緣為對！但恐自家不能返照，所以生疑。尋常不是向諸人道，千言萬言但只識取一言，千句萬句但只識取一句，千法萬法但只識取一法。識得一，萬事畢。透得一，無阻隔。直下脫卻情塵意想，放教身心，空勞勞地，於一切時遇茶吃茶遇飯吃飯。天但喚作天，地但喚作地，露柱但喚作露柱，燈籠但喚作燈籠，一切亦然。二六時中只么，平常無一星事。雖然如是，若有個無事懷在胸中亦未得自在，有個有事亦未得自在，直須有事也無無事也無。無二亦無，猶在半途。若是聊聞舉著，入骨入髓信得及底人，聞恁麼說話。大似熱椀鳴聲，尋常間說個禪字，便去河邊洗耳。等閒地不著，便偶然道著個佛字也，須漱口三日。寧可生身入地獄，永劫受沈輪，向鑊湯爐炭裏煮爍，終不肯將佛法作解會，亦終不起佛見法見。佛見法見尚自不起，何況更起世間情想分別妄緣諸業！且作麼生見得此人？作麼生親近得此人？有具眼底麼出來道看。如無，待三二十年後，山僧換卻骨頭，別與諸公通個消息。」

　　——宋・紹隆等編：《圓悟佛果禪師語錄》卷五，《大正藏》經第 47 冊，
　　　第 750 頁。

699. 者盞茶亦能殺人，亦能活人

　　示眾：「白浪滔天，曹娥江北。蘭芎絕頂，垂絲千尺。當年把釣王弘之，今宵平地撈魚客。撈不得，辜負西江那一吸。且道為甚麼卻成辜負去？留待來朝煮茶吃。大眾，結製茶已吃了，不語茶已吃了，普眾茶已吃了，還有知茶味者麼？者盞茶亦能殺人，亦能活人。在天而天，在人而人。即在蘭芎分中，可以聚幽人，可以集韻士，可以資談柄，可以清客襟，可以興叢林，可以訓童行，可以導一方，可以作佛事。在行人分中，可以拌性命，可以忘疲勞，可以利自他，可以成無漏。在禪師分中，可以作話頭，可以起疑情，可以興問難，可以破死生。大眾且道，者杯茶在山僧分中，又成得個什麼？有出來道得者麼？」

　　良久，有僧將致問。師曰：「憶昔管鮑貧時交，何事今人棄如土。」

　　——明・淨柱編：《石雨禪師法檀》卷八，《嘉興藏》第 27 冊，第 107 頁。

700. 山僧自吞吐去也

　　茶話：「須菩提宴坐，天帝釋雨花，海眾共修禪，施主設齋茶。就中有個

無思算，吃著通身露爪牙。敢問大眾，還有解吞吐者麼？」拈拂子云：「山僧自吞吐去也。趙州道底句，卻是老龍芽。」

    ——清・明說，清尚編：《幻住明禪師語錄》卷二，《嘉興藏》第 38 冊，
        第 990 頁。

參考文獻

佛家典籍類

1. 〔日〕高楠順次郎、渡邊海旭、小野玄妙等主編:《大正藏》,東京:大正新修大藏經刊行會(大正一切經刊行會),1934 年。

2. 〔日〕前田慧雲、中野達慧等主編:《卍續藏》,新文豐出版社,1983 年。

3. 紫柏、密藏、袁了凡等主編:《嘉興藏》,國家圖書館,2016 年。

4. 雍正、乾隆等主編:《乾隆藏》,中國書店,2007 年。

5. 漢文大藏經補編編委會:《中國漢文大藏經補編》,文物出版社,2013 年。

6. 《永樂北藏》,線裝書局,2001 年。

7. 《中華藏》,中華書局,1996 年。

8. 中華電子佛典協會:《電子佛典集成》(CBETA),2018 年。

9. 《心經》,《大正藏》第 8 冊。

10. 惠能:《壇經》,《大正藏》第 48 冊。

11. 玄覺:《禪宗永嘉集》,《大正藏》第 48 冊。

12. 念常:《佛祖歷代通載》,《大正藏》第 49 冊。

13. 超永:《五燈全書》,《卍續藏》第 81 冊。

14. 贊寧:《宋高僧傳》,《大正藏》第 50 冊。

15. 善卿:《祖庭事苑》,《卍續藏》第 64 冊。

16. 瞿汝稷:《指月錄》,《卍續藏》第 83 冊。

17. 賾藏:《古尊宿語錄》,《卍續藏》第 68 冊。

18. 無慍：《山庵雜錄》，《卍續藏》第 87 冊。

19. 智祥：《禪林寶訓筆說》，《卍續藏》第 64 冊。

20. 智誾：《雪關禪師語錄》，《嘉興藏》第 27 冊。

21. 書玉：《沙彌律儀要略述義》，《卍續藏》第 60 冊。

22. 弘贊：《沙彌律儀要略增注》，《卍續藏》第 60 冊。

23. 楚圓集：《汾陽無德禪師語錄》，《大正藏》第 47 冊。

24. 明耀：《香嚴禪師語錄》，《嘉興藏》第 38 冊。

25. 陳田夫：《南嶽總勝集》，《大正藏》第 51 冊。

26. 宗曉：《法華經顯應錄》，《卍續藏》第 78 冊。

27. 上睿：《北京楚林禪師語錄》，《嘉興藏》第 37 冊。

28. 機善等編：《大悲妙雲禪師語錄》，《嘉興藏》第 38 冊。

29. 志磐：《佛祖統紀》，《大正藏》第 49 冊。

30. 胡珽：《淨土聖賢錄續編》，《卍續藏》第 78 冊。

31. 印：《法璽印禪師語錄》，《嘉興藏》第 28 冊。

32. 淨柱：《五燈會元續略》，《卍續藏》第 80 冊。

33. 通奇：《林野奇禪師語錄》，《嘉興藏》第 26 冊。

34. 印正撰述：《破山禪師語錄》，《嘉興藏》第 26 冊。

35. 袾宏輯：《皇明名僧輯略》，《卍續藏》第 84 冊。

36. 諡：《二隱諡禪師語錄》，《嘉興藏》第 28 冊。

37. 通問：《續燈存稿》，《卍續藏》第 84 冊。

38. 幻敏：《竺峰敏禪師語錄》，《嘉興藏》第 40 冊。

39. 璧：《山暉禪師語錄》，《嘉興藏》第 40 冊。

40. 張怡稚編：《憨休禪師敲空遺響》，《嘉興藏》第 37 冊。

41. 才良編：《法演禪師語錄》，《大正藏》第 47 冊。

42. 紹隆等編：《圓悟佛果禪師語錄》，《大正藏》經第 47 冊。

43. 妙源等編：《虛堂和尚語錄》，《大正藏》第 47 冊。

44. 福善曰：《憨山老人夢遊集》，《卍續藏》第 73 冊。

45. 法藏：《三峰藏和尚語錄》，《嘉興藏》第 34 冊。

46. 道謙編：《大慧普覺禪師宗門武庫》，《大正藏》第 47 冊。

47. 離知、性一錄校:《萬松老人評唱天童覺和尚頌古從容庵錄》,《大正藏》第 48 冊。

48. 宗賾集:《禪苑清規》卷一,《卍續藏》第 63 冊。

49. 東晙輯:《黃龍慧南禪師語錄續補》,《大正藏》第 47 冊。

50. 隆琦等編:《費隱禪師語錄》,《嘉興藏》第 26 冊。

51. 超德:《明道正覺森禪師語錄》,《乾隆藏》第 155 冊。

52. 燈來編:《吹萬禪師語錄》,《嘉興藏》第 29 冊。

53. 〔高麗〕一然:《三國遺事》,《大正藏》第 49 冊。

54. 元靖:《運庵普岩禪師語錄》,《卍續藏》第 70 冊。

55. 愚者(方以智):《青原愚者智禪師語錄》,《嘉興藏》第 34 冊。

56. 文琇集:《增集續傳燈錄》,《卍續藏》第 83 冊。

57. 朱棣:《神僧傳》,《大正藏》第 50 冊。

58. 楊衒之:《洛陽城南伽藍記》,《大正藏》第 51 冊。

59. 明凡:《湛然圓澄禪師語錄》,《卍續藏》第 72 冊。

60. 顯權:《弘覺忞禪師語錄》,《乾隆藏》第 155 冊。

61. 海明:《破山禪師語錄》,《嘉興藏》第 26 冊。

62. 道霈:《永覺元賢禪師廣錄》,《卍續藏》第 72 冊。

63. 如相:《敏樹禪師語錄》,《嘉興藏》第 39 冊。

64. 子文編:《佛果克勤禪師心要》,《卍續藏》第 69 冊。

65. 李能和:《朝鮮佛教通史》,《大藏經補編》第 31 冊。

66. 了悟等編:《密庵和尚語錄》,《大正藏》第 47 冊。

67. 德初、義初等編:《真歇清了禪師語錄》,《卍續藏》第 71 冊。

68. 真解等編:《東山梅溪度禪師語錄》,《嘉興藏》第 39 冊。

69. 傳鵬編:《粟如瀚禪師語錄》,《嘉興藏》第 40 冊。

70. 善俊、智境等編:《禪林類聚》,《卍續藏》第 67 冊。

71. 法澄:《希叟紹曇禪師廣錄》,《卍續藏》第 70 冊。

72. 道謙:《大慧普覺禪師宗門武庫》,《大正藏》第 47 冊。

73. 居頂:《續傳燈錄》,《大正藏》第 51 冊。

74. 元:《一初元禪師語錄》,《嘉興藏》第 29 冊。

75. 善遇錄:《天如惟則禪師語錄》,《卍續藏》第 70 冊。

76. 智旭：《靈峰蕅益大師宗論》，《嘉興藏》第 36 冊。

77. 曾鳳儀：《楞伽經宗通》，《卍續藏》第 17 冊。

78. 靜、筠：《祖堂集》，《大藏經補編》第 25 冊。

79. 真本：《古瓶山牧道者究心錄》，《嘉興藏》第 28 冊。

80. 謝觀光：《般若心經釋疑》，《卍續藏》第 26 冊，第 820 頁。

81. 尼玄總：《寶持總禪師語錄》，《嘉興藏》第 35 冊。

82. 妙恩：《絕岸可湘禪師語錄》，《卍續藏》第 70 冊。

83. 明方撰，淨柱編：《石雨禪師法檀》，《嘉興藏》第 27 冊。

84. 道盛說，大庚、大斧等編：《天界覺浪盛禪師全錄》，《嘉興藏》第 34 冊。

85. 如瑛：《高峰龍泉院因師集賢語錄》，《卍續藏》第 65 冊。

86. 道開：《密藏開禪師遺稿》，《卍續藏》第 65 冊。

87. 弘歇等編：《雪嶠信禪師語錄》，《乾隆藏》第 153 冊。

88. 今釋：《宗寶道獨禪師語錄》，《卍續藏》第 72 冊。

89. 惟蓋竺編：《明覺禪師語錄》，《大正藏》第 47 冊。

90. 父仝、超級、德卓編錄：《櫻寧靜禪師語錄》，《嘉興藏》第 33 冊。

91. 道樂：《華嚴不厭樂禪師語錄》，《嘉興藏》第 38 冊。

92. 吳之鯨：《武林梵志》，《大藏經補編》第 29 冊。

93. 了廣：《淨慈慧暉禪師語錄》，《卍續藏》第 72 冊。

94. 德宗：《徑庭宗禪師語錄》，《嘉興藏》第 40 冊。

95. 曾鳳儀：《金剛經宗通》，《卍續藏》第 25 冊。

96. 紀蔭：《宗統編年》，《卍續藏》第 86 冊。

97. 普濟：《五燈會元》，《卍續藏》第 80 冊。

98. 行省：《虛舟省禪師語錄》，《嘉興藏》第 33 冊。

99. 觀衡：《紫竹林顓愚衡和尚語錄》，《嘉興藏》第 28 冊。

100. 仁勇編：《楊岐方會和尚語錄》，《大正藏》第 47 冊。

101. 克勤：《碧巖錄》，《大正藏》第 48 冊。

102. 法應、普會集：《禪宗頌古聯珠通集》，《中華藏》第 78 冊。

103. 慧然集：《鎮州臨濟慧照禪師語錄》，《大正藏》第 47 冊。

104. 集雲堂編：《宗鑒法林》，《卍續藏》第 66 冊。

105. 省悟：《律苑事規》，《卍續藏》第 60 冊。

106. 蘊聞編：《大慧普覺禪師語錄》，《大正藏》第 47 冊。

107. 深有：《黃蘗無念禪師復問》，《嘉興藏》第 20 冊。

108. 寂空編：《明覺聰禪師語錄》，《乾隆藏》第 158 冊。

109. 行從集：《宏智禪師廣錄》，《大正藏》第 48 冊。

110. 黎眉：《教外別傳》，《卍續藏》第 84 冊。

111. 明河：《補續高僧傳》，《卍續藏》第 77 冊。

112. 函可：《千山剩人禪師語錄》，《嘉興藏》第 38 冊。

113. 通雲：《雪竇石奇禪師語錄》，《嘉興藏》第 26 冊。

114. 行悅集：《列祖提綱錄》，《卍續藏》第 64 冊。

115. 百丈懷海：《勅修百丈清規》，德輝重編、大訴校，《大正藏》第 48 冊。

116. 儀潤：《百丈清規證義記》，《卍續藏》第 63 冊。

117. 闕名：《歷代法寶記》，《大正藏》第 51 冊。

118. 契嵩：《鐔津文集》，《大正藏》第 52 冊。

119. 道原：《景德傳燈錄》，《大正藏》第 51 冊。

120. 性巨、性湛等編：《竺峰敏禪師語錄》，《嘉興藏》第 40 冊。

121. 洪蓮：《金剛經批註》卷二，《卍新續藏》第 24 冊。

122. 定冽：《溈山古梅冽禪師語錄》，《嘉興藏》第 39 冊。

123. 憲：《草峰憲禪師語錄》，《嘉興藏》第 34 冊，第 103 頁。

124. 修義：《西岩了慧禪師語錄》，《卍續藏》第 70 冊。

125. 圓悟：《幻有傳禪師語錄》，《乾隆藏》第 153 冊。

126. 淨癡、本致輯錄：《象田即念禪師語錄》，《嘉興藏》第 27 冊。

127. 喜：《雲峨喜禪師語錄》，《嘉興藏》第 28 冊。

128. 函是：《廬山天然禪師語錄》，《嘉興藏》第 38 冊。

129. 上思：《雨山和尚語錄》，《嘉興藏》第 40 冊。

130. 雍正：《御選語錄》，《卍續藏》第 68 冊。

131. 宗永、清茂集：《宗門統要正續集》，《永樂北藏》第 155 冊。

132. 李遵勗：《天聖廣燈錄》，《卍續藏》第 78 冊。

133. 如純：《黔南會燈錄》，《卍續藏》第 85 冊。

134. 自融：《南宋元明禪林僧寶傳》，《卍續藏》第 79 冊。

135. 郭凝之：《先覺宗乘》，《嘉興藏》第 23 冊。

136. 淨符：《宗門拈古彙集》，《卍續藏》第 66 冊。

137. 彭際清：《念佛警策》，《卍續藏》第 62 冊。

138. 明總：《淨慈慧暉禪師語錄》，《卍續藏》第 72 冊。

139. 真哲：《古雪哲禪師語錄》，《嘉興大藏經》第 28 冊。

140. 慧機：《慶忠鐵壁機禪師語錄》，《嘉興藏》第 29 冊。

141. 鐵眉：《鐵眉三巴掌禪師語錄》，《嘉興藏》第 29 冊。

142. 嵩：《耳庵嵩禪師語錄》，《嘉興藏》第 29 冊。

143. 元：《三峰半水元禪師語錄》，《嘉興藏》第 38 冊。

144. 福度：《東山梅溪度禪師語錄》，《嘉興藏》第 39 冊。

145. 明哲錄：《古梅冽禪師語錄》，《嘉興藏》第 39 冊。

146. 慧印校訂：《筠州洞山悟本禪師語錄》，《大正藏》第 47 冊。

147. 祖慶：《拈八方珠玉集》，《卍續藏》第 67 冊。

148. 通容：《五燈嚴統》，《卍續藏》第 81 冊。

149. 明盂：《三宜盂禪師語錄》，《嘉興藏》第 27 冊。

150. 善堅：《古庭禪師語錄輯略》，《嘉興藏》第 25 冊。

151. 禪修：《依楞嚴究竟事懺》，《卍續藏》第 74 冊。

152. 達尊：《山茨際禪師語錄》，《乾隆藏》第 157 冊。

153. 明雪：《入就瑞白禪師語錄》，《嘉興藏》第 26 冊。

154. 性一集：《林泉老人評唱投子青和尚頌古空谷集》，《卍續藏》第 67 冊。

155. 淨挺：《雲溪俍亭挺禪師語錄》，《嘉興藏》第 33 冊。

156. 郭凝之輯：《袁州仰山慧寂禪師語錄》，《大正藏》第 47 冊。

157. 釋海島：《四家錄》，《國家圖書館善本佛典》第 49 冊。

158. 惟白：《建中靖國續燈錄》，《卍續藏》第 78 冊。

159. 淨範：《蔗庵範禪師語錄》，《嘉興藏》第 36 冊。

160. 圓信、郭凝之編：《優婆夷志》，《卍續藏》第 87 冊。

161. 最正等編：《秀野林禪師語錄》，《嘉興藏》第 36 冊。

162. 了貞輯，達珍編：《正源略集》，《卍續藏》第 85 冊。

163. 通琇編:《天隱修禪師語錄》,《乾隆藏》第 154 冊。

164. 守堅集,宗演校勘:《雲門匡真禪師廣錄》,《大正藏》第 47 冊。

165. 郭凝之編:《潭州溈山靈祐禪師語錄》,《大正藏》第 47 冊。

166. 慧省編:《松隱唯庵然和尚語錄》,《嘉興藏》第 25 冊。

167. 全本錄:《晦岳旭禪師語錄》,《嘉興藏》第 38 冊。

168. 超心、超香等編:《天台通玄寺獨朗禪師語錄》,《嘉興藏》第 36 冊。

169. 達葯等編:《南嶽山茨際禪師語錄》,《乾隆藏》第 157 冊。

170. 智嚴集:《玄沙師備禪師廣錄》,《卍續藏》第 73 冊。

171. 自悟:《希叟紹曇禪師語錄》,《卍續藏》第 70 冊。

172. 圓修:《天隱和尚語錄》,《嘉興藏》第 25 冊。

173. 通忍:《朝宗禪師語錄》,《嘉興藏》第 34 冊。

174. 德富:《玉泉其白富禪師語錄》,《嘉興藏》第 38 冊。

175. 如學:《大溈五峰學禪師語錄》,《嘉興藏》第 25 冊。

176. 廣真:《吹萬禪師語錄》,《嘉興藏》第 29 冊。

177. 昇:《天岸昇禪師語錄》,《嘉興藏》第 26 冊。

178. 鑒:《林我禪師語錄》,《嘉興藏》第 38 冊。

179. 芙蓉道楷:《祇園正儀》,《卍續藏》第 63 冊。

180. 祖詠:《大慧普覺禪師年譜》,《嘉興藏》第 1 冊。

181. 淨斯:《百愚禪師語錄》,《嘉興藏》第 36 冊。

182. 素:《蓮峰禪師語錄》,《嘉興藏》第 38 冊。

183. 周琪:《圓覺經夾頌集解講義》,《卍續藏》第 10 冊。

184. 通潤:《楞嚴經合轍》,《卍續藏》第 14 冊。

185. 通潤:《起信論續疏》,《卍續藏》第 45 冊。

186. 正受:《嘉泰普燈錄》,《卍續藏》第 79 冊。

187. 慧洪:《智證傳》,《卍續藏》第 63 冊。

188. 袾宏:《雲棲法彙》,《嘉興藏》第 33 冊。

189. 符(尼):《靈瑞尼祖揆符禪師妙湛錄》,《嘉興藏》第 35 冊。

190. 行觀:《靈機禪師語錄》,《嘉興藏》第 39 冊。

191. 暐:《斗南暐禪師語錄》,《嘉興藏》第 40 冊。

192. 普度：《廬山蓮宗寶鑒》，《大正藏》第 47 冊。

193. 悟明：《聯燈會要》，《卍續藏》第 79 冊。

194. 聶先：《續指月錄》，《卍續藏》第 84 冊。

195. 通容：《費隱禪師語錄》，《嘉興藏》第 26 冊。

196. 豁：《寂光豁禪師語錄》，《嘉興藏》第 36 冊。

197. 燈來：《三山來禪師語錄》，《嘉興藏》第 29 冊。

198. 佛：《華岩還初佛禪師語錄》，《嘉興藏》第 37 冊。

199. 學蘊：《知空蘊禪師語錄》，《嘉興藏》第 37 冊。

200. 機琇：《黃蓮東岩禪師語錄》，《嘉興藏》第 38 冊。

201. 明：《幻住明禪師語錄》，《嘉興藏》第 38 冊。

202. 圓法編：《介庵進禪師語錄》，《嘉興藏》第 29 冊。

203. 淨斯：《百愚禪師語錄》，《嘉興藏》第 36 冊。

204. 印肅：《普庵印肅禪師語錄》，《卍續藏》第 69 冊。

205. 德楷：《山西柏山楷禪師語錄》，《嘉興藏》第 39 冊。

206. 真在：《徑石滴乳集》，《卍續藏》第 67 冊。

207. 祖光：《楚石梵琦禪師語錄》，《卍續藏》第 71 冊。

208. 謐：《二隱謐禪師語錄》，《嘉興藏》第 28 冊。

209. 弘儲：《南嶽繼起和尚語錄》，《嘉興大藏經》第 34 冊。

210. 性統：《續燈正統》，《卍續藏》第 84 冊。

211. 超自：《何一自禪師語錄》，《嘉興藏》第 39 冊。

212. 宗義：《了堂惟一禪師語錄》，《卍續藏》第 71 冊。

213. 慧南：《石霜楚圓禪師語錄》，《卍續藏》第 69 冊。

214. 郭凝之輯：《金陵清涼院文益禪師語錄》，《大正藏》第 47 冊。

215. 智祥：《頻吉祥禪師語錄》，《嘉興藏》第 39 冊。

216. 淨符：《宗門拈古彙集》，《卍續藏》第 66 冊。

217. 法林：《元叟行端禪師語錄》，《卍續藏》第 71 冊。

218. 性圓、旋璣等編：《法璽印禪師語錄》，《嘉興藏》第 28 冊。

219. 淨慧編：《虛雲和尚全集》，中州古籍出版社，2009 年。

220. 慧弼：《雪峰慧空禪師語錄》，《卍續藏》第 69 冊。

221. 際源:《正源略集》,《卍續藏》第 85 冊。

222. 宗法:《宏智禪師廣錄》,《大正藏》第 48 冊。

223. 廣真:《一貫別傳》,《嘉興藏》第 40 冊。

224. 元賢:《無明慧經禪師語錄》,《卍續藏》第 72 冊。

225. 道盛:《晦臺元鏡禪師語錄》,《卍續藏》第 72 冊。

226. 如璽:《方融璽禪師語錄》,《嘉興藏》第 29 冊。

227. 照永:《象林本真禪師語錄》,《嘉興藏》第 39 冊。

228. 果性等編:《雲峨禪師語錄》,《嘉興藏》第 28 冊。

229. 圓信較定、郭凝之彙編:《先覺宗乘》,《卍續藏》第 87 冊。

230. 祖拙錄:《荊南開聖院山暉禪師語錄》,《嘉興藏》第 29 冊。

231. 汝現、元寶、慧朗等編:《了庵清欲禪師語錄》,《卍續藏》第 71 冊。

232. 正賢:《介石智朋禪師語錄》,《卍續藏》第 69 冊。

233. 居簡:《月江正印禪師語錄》,《卍續藏》第 71 冊。

234. 通門:《牧雲和尚七會語錄》,《嘉興藏》第 26 冊。

235. 朱時恩:《佛祖綱目》,《卍續藏》第 85 冊。

236. 真在:《山鐸真在禪師語錄》,《嘉興藏》第 38 冊。

237. 道正:《蓮月禪師語錄》,《嘉興藏》第 29 冊。

238. 純:《別牧純禪師語錄》,《嘉興藏》第 40 冊。

239. 宗永:《宗門統要正續集》,《永樂北藏》第 155 冊。

240. 通賢:《浮石禪師語錄》,《嘉興藏》第 26 冊。

241. 聆:《懶石聆禪師語錄》,《嘉興藏》第 28 冊。

242. 荷:《侶岩荷禪師語錄》,《嘉興藏》第 39 冊。

245. 道樂:《華嚴不厭樂禪師語錄》,《嘉興藏》第 38 冊。

246. 拙:《磐山牧亭樸夫拙禪師語錄》,《嘉興藏》第 40 冊。

247. 圓悟:《密雲禪師語錄》,《嘉興藏》第 10 冊。

248. 行日:《天台通玄寺獨朗禪師語錄》,《嘉興藏》第 36 冊。

249. 妙用:《鴛湖用禪師語錄》,《嘉興藏》第 27 冊。

250. 希叟紹曇:《五家正宗贊》,《卍續藏》第 78 冊。

251. 性聰:《明覺聰禪師語錄》,《乾隆藏》第 158 冊。

252. 道濟：《天寧法舟濟禪師剩語》，《嘉興藏》第 40 冊。

253. 福善、福徵編錄：《憨山大師年譜疏注》，見中華電子佛典協會（CBETA）所編之《大藏經補編》第 14 冊。

254. 沈約：《述僧中食論》，見道宣：《廣弘明集》，《大正藏》第 52 冊。

255. 宋奎光：《徑山志》，見杜潔祥主編：《中國佛寺史志彙刊》第一輯第 31 ～32 冊，丹青圖書公司，1985 年。

256. 重興隆琦隱元等輯，獨往等編訂續修：《黃檗山寺志》，見杜潔祥主編：《中國佛寺史志彙刊》第三輯第 4 冊，丹青圖書公司，1985 年。

257. 范承勳：《遊雞足山記》，見杜潔祥主編：《中國佛寺史志彙刊》第三輯第 1 冊《雞足山志》，丹青圖書公司，1985 年。

258. 釋溥光：《會善寺茶牓》，見傅梅《嵩書》，錄於《續修四庫全書》編委會：《續修四庫全書》七二五・史志・地理類，上海古籍出版社，2002 年。

259. 蔣超撰：《峨眉山志》，《中國佛寺史志彙刊》第一輯第 45 冊，明文書局，1980 年。

260. 《天童寺志》，見杜潔祥主編：《中國佛寺史志彙刊》第一輯第 13～14 冊，明文書局，1980 年。

綜合典籍類

1. 紀昀主編：文淵閣《四庫全書》，臺灣商務印書館影印版，1983 年。

2. 陳夢雷：《欽定古今圖書集成》，中華書局影印版，1934 年。

3. 解縉、姚廣孝等：《永樂大典》，線裝書局，2014 年。

4. 封演：《封氏聞見記》，文淵閣《四庫全書》子部・雜家類，臺灣商務印書館 1983 年影印版，第 862 冊。

5. 陶穀：《清異錄》，《四庫全書》子部十二・小說家類三，第 1047 冊。

6. 邁柱：《湖廣通志》，《四庫全書》史部・地理類三，第 531 冊。

7. 董斯張：《廣博物志》，《四庫全書》子部十一・類書類，第 981 冊。

8. 范公偁：《過庭錄》，《四庫全書》子部十二・小說家類一，第 1038 冊。

9. 高晉：《欽定南巡盛典》，《四庫全書》史部・政書類二，第 659 冊。

10. 汪灝：《御定佩文齋廣群芳譜》，《四庫全書》子部・譜錄類三，第 845 冊。

11. 陳景沂：《全芳備祖集・後集》，《四庫全書》子部十一・類書類，第 935 冊。

12. 嵇璜、曹仁虎等：《欽定續文獻通考》，《四庫全書》史部·政書類，第 631 冊。

13. 陸廷燦：《續茶經》，《四庫全書》子部·譜錄類，第 844 冊。

14. 盧之頤：《本草乘雅半偈》，《四庫全書》子部五·醫家類。類，第 779 冊。

15. 李昉：《太平廣記》，《四庫全書》子部·小說家類二。第 1044 冊。

16. 周煇：《清波雜志》，商務印書館，1939 年。

17. 闕名：《呂祖志》，《萬曆續道藏》。

18. 田汝成：《西湖遊覽志》，《四庫全書》史部·地理類，第 585 冊。

19. 田汝成：《西湖遊覽志餘》，《欽定四庫全書》史部·地理類，第 585 冊。

20. 曹學佺：《蜀中廣記》，《四庫全書》史部十一·地理類八，第 592 冊。

21. 馮時可：《茶錄·總敘》，見《欽定古今圖書集成·經濟彙編·食貨典》卷二百九十，茶部匯考七，中華書局影印版，1934 年。

22. 陸游：《入蜀記》，《四庫全書》史部·傳記類，第 460 冊。

23. 呂柟：《涇野子內篇》，《四庫全書》子部一·儒家類，第 714 冊。

24. 闕名：《錦繡萬花谷》，《四庫全書》子部十一·類書類，第 924 冊。

25. 楊萬里：《誠齋集》，《四庫全書》集部·別集類，第 1160 冊。

26. 李流芳：《檀園集》，《四庫全書》集部·別集類五，第 1295 冊。

27. 吳應箕：《留都見聞錄·河房》，國學保存會印行，清光緒丁未（1907）年。

28. 阮閱：《詩話總龜》，《四庫全書》集部·詩文評類，第 1478 冊。

29. 張學禮：《清代琉球紀錄集輯》，《臺灣文獻叢刊》第 292 種。

30. 蘇軾：《東坡志林》，《四庫全書》子部·雜家類，第 863 冊。

31. 曾慥：《類說》，《四庫全書》子部·雜家類，第 873 冊。

32. 段成式：《酉陽雜俎》，《四庫全書》子部·小說家類，第 1047 冊。

33. 丁復：《檜亭集》，《四庫全書》集部·別集類，第 1208 冊。

34. 周履靖：《茶德頌》，《古今圖書集成》，臺北文星書局，1964 年，第 87 冊。

35. 郝玉麟：《廣東通志》，《四庫全書》史部·地理類四，第 564 冊。

36. 釋鎮澄著，釋印光重修：《清涼山志》，民國二十五年 1936.（國家圖書館藏）版。

37. 陳繼儒：《小窗幽記》，清乾隆三十五年問心齋刊本。

38. 王士禎：《居易錄》卷二十八，《四庫全書》子部·雜家類，第 869 冊。

後　記

　　興之所至而已！最初，只覺得禪茶公案妙趣橫生，用作茶桌上的談資最為增色。後來，發現禪茶公案中記錄著不少禪法絕品，遂逐漸收集、品味、講解。直至幾年前正式開始研究禪茶哲學，便有心輯為專題。去年，其實《禪茶文獻輯錄》一書已經定稿，「禪茶公案」乃為其中一編，計200則。然而，越往後，越不盡興，我所發現的禪茶公案實際上已超過1000則，便忍痛打散，重選700之數，將《禪茶公案錄》獨立成書。目前，已決定適可而止！可是，誰知道呢？也許以後興致一起，又會再次輯成新成果。做學問不都是這樣的嗎？愛而難捨，便逐步做深，做全，做活！

　　在我眼中，禪茶公案並不僅僅是史料、趣談，更是禪法之精髓。當然，我也認為禪茶目前只是一種文化品牌現象，遠未形成學科，而將其獨立為學科，似乎也僅是現代學者的強意構設。一直以來，禪茶本身就是依附於禪學、茶學而存在，只是二者交融的結晶罷了。但是，誰又知道呢？如果繼續往下探索，學科建設方面，難說隨時會出現意想不到的驚奇！

　　禪茶公案是禪學、茶學領域中非常獨特的存在，兼具禪的深邃、通達、知行，以及茶的品飲、健康、休閒等屬性。故而，禪茶，不能做成空頭理論，又或異化為增強負累的偏執，而應深入身心養護、性命淨治，以及人生的安居等維度，使之能夠綻放出生命的光彩。

　　其實，在此領域，我最關心的還不是堆壘成了多大部頭的著作，而是希望借用禪茶形式展現出相應的社會價值。

　　首先，藉以調整生命狀態，修養、療愈身心。身心紊亂是人類的千古問題，現實社會中則更見其嚴重性。出於工作壓力、家庭矛盾、自他傷害等原

因，哪一個人的身心又能安穩在正軌上？此處並不是說喝茶能夠解決所有問題，而是說可借助禪茶反觀自我、調適身心，從而張弛有度，以最佳生命狀態學習、工作、生活。我想，這才是國家、社會、家庭所需要的最健康且最富有創造力的你我！

其次，做出活性學術。人生最深廣的學術領域，難道不是探究自身的生命？從此角度看，禪茶是一方多麼理想的研究領域，它與生命的關聯是如此的直接！我並不認為世間就此禪茶研究最上最好，每個領域都有其獨特價值和不可替代性。我的意思是，不論做何種學術，何不也借鑒禪茶出入生活、關懷生命的理念，從關心自身、展現內在生命入手，不要做得乾癟無味，最後還導致身心俱損。如此做出來的學問，才會直通天地，具有生機活力，哪怕是學術論文、決策諮詢報告，都會因此而具有關注國計民生、關懷生命健康等方面的普遍價值！

再次，開掘茶道文化、茶葉產業的價值增長點。自古以來，茶都是一種關乎國計民生的龐大產業，如今也不例外。做禪茶，不是要抹殺這一屬性，而恰好是要深入茶文化，擴寬茶葉產業的價值增長領域，讓茶葉不但具有生活日用的消費屬性，更提升其人文關懷的生命功能，以發展產業，產生更高的經濟效益，服務社會、國家！

雖然言必稱禪茶，但我對禪茶的理解很開放。對我而言，禪並不是個固定的宗派概念，而是指向生命的淨治、安頓，與提升。也只有如此，禪，才可能像古宿說的一樣超越具象而顯現在萬事萬法中。自然，也才能和天地造化之茶芽完美地融合在一起。因此，本書所錄的一些佛家其餘宗派或歷代文士相關茶文獻，我看到的都是滿滿的與禪融通的神韻。其實，禪茶，見仁見智罷了，須知所謂茶道，也不過是我們強意建構的符號，心念相續的產物！

本書的思路和結構較為簡單，我不敢自誇有多高的理論水準，因為本書的定位即是文獻輯錄。但本書所提供的禪茶研究方面的文獻參考、資料查閱，可能作用就比較大了。總體而言，關於本書，我所做的工作主要如下：

第一，分類輯錄。本書禪茶公案乃從眾多散雜文獻中掘取，分四類而編錄。主要分類依據其實是禪茶公案中所體現出的禪法次第，四編之間具有禪法意義上的逐步遞進關係，如此也便於查閱、理解禪茶公案。當然，所謂遞進關係並不絕對，因為許多公案本身就是綜合體，難分高下，況且禪法也常常是既淺又深，一通到底。所謂次第，也不過是特殊語境和理解之下的表述邏輯。

　　第二，點校。大部分禪茶公案均以繁體字、文言詞句形式存在，並無現代意義上的點讀分明，而且還存在某些錯訛，極不利於閱讀運用，故而筆者進行了點校工作。這一環節最耗心力，佔用了我輯錄工作的絕大部分時間。而今，所做雖未必絕對無誤，但主要的點校工作已經完成。

　　第三，列題名。原來的禪茶公案僅以敘錄形式零散存在，無法直接獲知相應內容並分清彼此差別，現今為之列出題名，公案的內容便一目了然。當然，多數題名主要是從公案中擇出一句較有代表性的話語，不見得能夠涵蓋整個公案的全貌。這一點，請讀者自加斟酌並指正。

　　第四，泛論禪茶。本書緒論、後記概略探討了禪茶公案的內容屬性和禪學特質，甚至涉及一些實踐路徑。可認為是筆者對禪茶理論的初步探索。

　　關於本書，重點任務在於「錄」，所以我並沒有對各公案進行解讀，僅僅是做了少量注釋。至於詳細演釋、專論，我想放到專題的《禪茶知行論》中完成。我把自己的禪茶文化研究設定為兩個階段。目前所完成的《禪茶公案錄》《禪茶藝文錄》《禪茶論典錄》三部文獻輯錄稿，乃是第一階段，其主要任務是搜集並系統、深入地研讀傳統茶道文獻，擇出與禪茶關係較為緊密者，築牢禪茶研究的根基。而第二階段，則是撰寫理論專著《禪茶知行論》，以完成禪茶理論的系統提升。這一工程，便漸進做吧，希望有始有終！當然，我的基本理念仍然不變，還是圍繞著休閒、從容、知行合一的宗旨而展開！

　　另外，有一個問題應略加說明。本書所錄，多是傳統公案，現今的一些禪茶「類公案」並未收錄。原因並非厚古薄今，而是禪茶公案還應有一種檢驗標準：須是通含禪性、幾經禪家茶家驗證後流傳的具有代表性的禪茶行止。當前禪茶案例雖多，但其真實內蘊、實踐價值還有待於進一步接受歷史和社會的檢驗。對於這部分內容，我們在關注的同時，姑且拭目以待。

　　書稿得以出版，尤其感謝花木蘭文化事業有限公司叢書發行者及諸編輯！這已是我第二次在「花木蘭」出版書作，主要原因是該社足夠用心，所出書著專業、精美、大氣！學問之道，我總覺得沉潛研究、用功撰稿只是最低要求，更應該用心對待的其實是出版，以促成最理想的作品面世。這一環節，除了豐收的喜悅，更凝聚著一種自我肯定、自我尊重，是匹配學者心量、維護學者人格的重中之重！如果數年心血堆積而成的書稿，卻付之一疊劣質紙張和一幅粗糙裝幀，你會怎樣想？其實，許多研究者的身弱氣短、小心翼翼，都是因為在心底未真正認可、善待自己而造成的！粗劣書稿不過是其表

現形式之一！延伸而言，學術研究，便不該侷限於謀生取利手段，而更應是一種溫養生命、修煉自我的高級工夫！所以，學術當然就應該是生命的學問，充滿活力和生機！由這類人、這種精神而構成的民族、國家，也才會彰顯出生機無限、大氣蓬勃的國體！總體而言，此書的出版已經達到了我的預期！希望此書能夠作為禪茶文化研究者的文獻參考，也或提供給禪茶愛好者作為瞭解中國傳統茶道文化的閒書。當然，我更希望禪茶能為當今社會心態、大眾身心的療愈養護發揮積極功能，並且在中華文化自信重構、世界文明交流互鑒中展現出自身的優越！

2020 年 5 月 21 日，記於昆明。